DIX IDÉES REÇUES
SUR LE MOYEN ÂGE

Du même auteur

Une famille de la noblesse provençale au Moyen Âge : les Porcelet, Avignon, Aubanel, 1986.

La Vielle et l'épée : troubadours et politique en Provence au XIIIe siècle, Paris, Aubier, 1989.

Les Noces du comte : mariage et pouvoir en Catalogne (785-1213), Paris, Publications de la Sorbonne, 1995.

La Noblesse en Occident (V^e-XVe siècle), Paris, Armand Colin, 1996.

Actes de la famille Porcelet d'Arles (972–1320), Paris, CTHS, 2001.

L'Empire des Plantagenêt (1154-1224), Paris, Perrin, 2003.

Avec J.-P. Boyer et N. Coulet, *La Provence au Moyen Âge*, Aix, PUP, 2005.

La Légende du roi Arthur (550-1250), Paris, Perrin, 2007.

Le Chevalier lettré : savoir et conduite de l'aristocratie aux XIIe et XIIIe siècles, Paris, Fayard, 2011.

Des chrétiens contre les croisades (XIIe-XIIIe siècle), Paris, Fayard, 2013.

Aliénor d'Aquitaine, Paris, PUF, 2020.

Excalibur, Durendal, Joyeuse : la force de l'épée, Paris, PUF, 2021.

Avec Michel Pastoureau, *Les Chevaliers de la Table ronde : romans arthuriens*, Paris, Gallimard, 2022.

www.editions-jclattes.fr

Martin Aurell

DIX IDÉES REÇUES SUR LE MOYEN ÂGE

JC Lattès

Couverture : © Loïc Vincent

ISBN : 978-2-7096-7125-5

(Première édition : mai 2023)

Introduction

Sur le petit écran défilent les images de la déroute de l'armée régulière de l'Afghanistan et de ses alliés. Les chemins sont poussiéreux et le paysage aride, à l'image de la misère d'une nation longtemps ravagée par la guerre. D'une voix monocorde, le reporter énonce les atrocités commises par les talibans. Il évoque le remplacement des écoles par des madrasas où des barbus fanatiques imposent aux garçons d'apprendre le Coran par cœur. Les libertés les plus élémentaires sont bafouées. La condition féminine se détériore : exclusion du travail, mariage forcé, voile intégral, sévices... Et tout à coup la contre-vérité retentit : « C'est le retour au Moyen Âge ! »

Même profondément agacé, l'historien médiéviste n'éteint plus le téléviseur. Il admire les risques encourus par les journalistes sur un terrain hostile et la finesse de la plupart de leurs analyses. Il sait aussi que, à force d'être ressassée, leur ritournelle sur le

Moyen Âge obscurantiste est devenue si galvaudée que le public en ignore le vrai sens. Il prend donc la décision de s'attaquer au poncif.

« Moyenâgeux », l'adjectif de tous les dangers

Pour nombre de nos contemporains, le Moyen Âge est la pire des périodes vécues en Europe. Sur leurs lèvres, le très péjoratif « moyenâgeux » – qu'on ne saurait confondre avec le plus neutre « médiéval » – devient le condensé des aberrations les plus rétrogrades. La période leur paraît incarner toutes les ignorances, fanatismes, oppressions et misogynies.

Dès son invention, l'expression « Moyen Âge » elle-même est péjorative. Elle est utilisée pour la première fois par saint Bonaventure (v. 1220-1274), théologien et ministre général des franciscains. Dans son ordre, la pauvreté est la vertu primordiale. Or, Bonaventure constate que celle-ci a été abandonnée dans le « temps moyen » ou « intermédiaire » qu'il lui est donné de vivre entre, d'une part, l'époque austère du Christ et des apôtres et, de l'autre, un temps tout proche où, grâce aux religieux mendiants, notamment franciscains, qui vivent pauvrement en ville, le dénuement de l'Église primitive sera restauré[1]. Le terme « moyen », juste bon à relier deux périodes, déprécie à jamais le millénaire des ve-xve siècles. Il recouvre, en effet, les notions de « médiocre », « transitoire » ou « sans envergure ».

Un siècle plus tard, le poète Pétrarque (1304-1374) reprend l'expression de « temps moyen » pour désigner une autre parenthèse tout aussi négative[2]. Il critique, quant à lui, la décadence des lettres depuis l'Antiquité gréco-latine, en attendant des jours plus heureux. La mélancolie de ce Toscan exilé à Avignon, où résident désormais le pape et la curie, s'enracine dans un patriotisme qui pleure la grandeur passée de la Rome impériale et pontificale. Elle l'incite à se plaindre du « Moyen Âge » d'inculture qu'il imagine autour de lui.

Aux xve et xvie siècles, les humanistes italiens et allemands adhèrent au même rythme ternaire de l'histoire, inventé par l'autoflagellation de quelques médiévaux eux-mêmes : plénitude antique, décadence du « temps intermédiaire » et Renaissance en cours[3]. C'est avec arrogance qu'ils prétendent édifier un monde surpassant l'âge « médiocre » de leurs aïeux. Ils sont relayés par les protestants qui préconisent un retour aux sources vivifiantes du christianisme, que le Moyen Âge aurait perverti, mais aussi par les tenants de la contre-réforme catholique, qui cherchent à purifier l'Église de sa corruption antérieure.

Au XVIIe siècle, l'érudition s'empare de l'expression « Moyen Âge » et de son adjectif « médiéval », sans la connoter nécessairement de façon dépréciative. En 1678, par exemple, Charles du Fresne du Cange publie son *Glossarium mediæ et infimæ latinitatis* (« Glossaire du moyen et du plus bas latin »), contenant les mots du latin médiéval. De nos jours encore, ce dictionnaire constitue une mine d'informations précieuses. Le monde des savants, passionnés de la période, n'est toutefois pas celui des philosophes des Lumières, qui se font l'écho des humanistes pour identifier le Moyen Âge aux ténèbres. Si, au XIXe siècle, le romantisme met la période au goût du jour, il ne parvient plus à en effacer tous les préjugés, que les médias ne cessent de nous servir quotidiennement aujourd'hui.

Pour un Moyen Âge tout en nuances

C'est une première erreur de penser que le Moyen Âge est uniforme. Le long millénaire sur lequel il s'étend est des plus hétéroclites. Le Ve siècle de l'effondrement de l'Empire romain d'Occident, le XIIIe siècle de l'essor urbain et le XVe siècle des grandes découvertes maritimes ont peu de points communs **(voir Encadré p. 17)**. Il ne manque pourtant pas de détracteurs pour stigmatiser toute la période en bloc. Les racines de ces attaques sont profondes, car elles plongent jusqu'aux intellectuels des XIIIe et XIVe siècles eux-mêmes, dont l'autocritique a été détournée de sa signification première par les modernes.

Le dénigrement s'épanouit à la Renaissance et plus encore à l'époque des Lumières. Avec la période médiévale, les penseurs du XVIIIe siècle se dotent d'un épouvantail qui les conforterait, par contraste, dans le bien-fondé de leurs idées. Sous leur plume ou dans leurs conversations de salon, elle apparaît comme un ramassis de toutes les injustices, oppressions et fanatismes. Dûment déformé et abaissé, le Moyen Âge devient le repoussoir de rêve qui fait ressortir, grâce à une bien injuste comparaison, leur prétendue génialité.

Parmi les contre-vérités que Voltaire développe pour étayer l'idéologie de la rupture, prétendument radicale, des Lumières avec la tradition : la ferme croyance des médiévaux en une terre plate, que seuls les grands astronomes et navigateurs du XVIe siècle – Copernic et Galilée, d'une part, Colomb et Magellan, de l'autre – auraient réussi à vaincre. N'en déplaise aux Lumières, la rotondité du monde est bien connue dès l'Antiquité, et les maîtres et encyclopédistes médiévaux ont préservé cette idée jusqu'à la Renaissance[4]. Aussi méprisante est l'assertion des penseurs à perruque poudrée sur la collusion du trône et de l'autel, de la royauté et du catholicisme, au détriment du peuple[5]. Sans doute eût-il été plus courageux pour ces salonards de tenir tête aux « despotes éclairés » (selon l'oxymore consacré), auxquels ils prêtaient leur plume de façon servile.

À la fin du XVIIIe siècle, la perception obscure du Moyen Âge suscitée par les penseurs des Lumières se diffuse grâce à la fiction. En 1764, Horace Walpole publie le *Château d'Otrante : une histoire gothique*, premier roman « gothique », par allusion au Moyen Âge qui débute avec l'invasion des « Goths barbares ». Sur fond de passion amoureuse pour une femme inaccessible, ce genre littéraire marie le macabre et le fantastique. La terreur est omniprésente dans des châteaux hantés par des fantômes, monstres et automates. Dans ces bâtisses lugubres, les trappes mènent à des oubliettes, les portes claquent seules dans d'effroyables grincements, les araignées tissent d'immenses toiles et les portraits d'ancêtres sinistres bougent tout seuls. C'est dans une veine similaire que, depuis la fin des années 1970, une mode gothique succède au punk. Au rythme du *heavy metal*, le teint pâle, les lèvres violettes, les ongles rouge sang et les yeux outrancièrement maquillés vous donnent l'air d'un fantôme échappé d'un château « moyenâgeux ».

Deux siècles avant l'irruption de la mode gothique, la Révolution française se propose d'abolir la « féodalité », mot dépourvu de sens car sans aucune connexion apparente avec le « fief » dont il dérive, que le seigneur donne à son vassal, un noble comme lui. Au milieu du XIXe siècle, Jules Michelet, historien des plus influents, déclare : « Mon ennemi le Moyen Âge (moi fils de la Révolution qui l'ai au fond du cœur). » Il méprise, en effet, « l'état bizarre et monstrueux, prodigieusement artificiel, qui fut celui du Moyen Âge[6] ». Il serait ennuyeux de citer tous les auteurs qui perpétuent, depuis, ces idées reçues. Il y a une vingtaine d'années encore, un brillant essayiste intitulait *Le Nouveau Moyen Âge* un livre dénonçant la violence, le désordre, les séparatismes, la corruption, les mafias, le tribalisme et la superstition, fomentés par l'effondrement de l'Union soviétique[7].

De façon paradoxale, les imprécations des penseurs de la Renaissance, des philosophes des Lumières et de leurs émules actuels sont récupérées *a contrario* par des extrémistes se revendiquant d'un Moyen Âge violent. En 2019, l'assassin de masse des deux mosquées de Christchurch (Nouvelle-Zélande) écrit en caractères cyrilliques sur le fusil automatique de son crime les noms de Pélage, censé avoir arrêté la progression des Arabes et Berbères à Covadonga (722), dans les monts Cantabriques, de Charles Martel, auquel on attribue le même exploit à Poitiers (732), et de Miloš Obilić, tueur du sultan turc à Kosovo Polje (1389). L'islamophobie prétendait ici contrer la poussée de Daech. À l'extrême opposé de l'échiquier idéologique, le dévoiement d'un Moyen Âge fantasmé se retrouve, en 2014, à Mossoul (Irak). En y proclamant le khalifat, al-Baghdadi aspirait alors à un retour à l'islam primitif, temps soi-disant héroïque où auraient prédominé l'engagement religieux, l'ardeur au combat et l'austérité des nomades du désert[8]. Ces troubles retours vers le Moyen Âge mythifient ses supposées valeurs guerrières et viriles. Dans sa perversité, la passion fusionnelle des terroristes pour la période ne fait que la salir dans l'imaginaire collectif.

L'historien n'est pas moraliste. Il ne lui revient pas de juger le temps qu'il étudie, et le Moyen Âge est pour lui ni pire ni meilleur qu'une autre époque. C'est un objet d'étude et de réflexion qu'il doit appréhender sinon avec distance, du moins avec nuances. Le pire ennemi de la méthode historique est l'anachronisme, consistant à plaquer nos valeurs contemporaines sur un passé si « autre ».

Tendre vers l'objectivité interdit-il la passion ? À force de travailler sur sa période, le médiéviste finit par être familier des hommes et des femmes ayant vécu aux ve-xve siècles. Il apprend à les aimer aussi. Dans les pages qui suivent, le ton tant soit peu polémique de son plaidoyer répond à l'enthousiasme né des longues années d'études consacrées à un millénaire décisif de notre passé.

L'historien revêt ici la toge de l'avocat pour rejeter dix accusations que portent si souvent nos contemporains contre son époque de prédilection. Il espère ainsi effacer l'atteinte à l'honneur du Moyen Âge, son client, pour le rétablir dans la reconnaissance, le respect et l'admiration qu'il mérite.

Un Moyen Âge pluriel

Il n'y a pas un seul, mais plusieurs Moyens Âges qui couvrent un long millénaire nullement homogène, allant du Vᵉ au XVᵉ siècle. Les médiévistes le découpent, à leur tour, en trois grandes époques : **Haut Moyen Âge**, **Moyen Âge central** et **Moyen Âge tardif**. La première période s'étend de la chute de l'Empire romain d'Occident, en 476, à l'an mil. L'épithète « Haut » est étrange car, au cours d'une fouille archéologique, les strates les plus vieilles sont les inférieures, qu'il faut chercher au plus bas. Le mot français est donc un germanisme dérivé d'*alt*, « ancien ».

Le *début du Moyen Âge* est habituellement fixé à la déposition du dernier empereur de Rome, Romulus Augustule, dont le nom rappelle celui du fondateur de la Ville éternelle. La date de 476 est surtout symbolique, car l'Empire d'Occident n'est plus unifié ni pacifié depuis plusieurs décennies ; il est parcouru par des peuples germaniques, parmi lesquels les Wisigoths en 410 et les Vandales en 455 qui saccagent sa capitale. Aux yeux des Romains, ce sont des barbares sans foi ni loi. De fait, leurs chefs mettent souvent leurs troupes au service de l'Empire ; imprégnés de culture latine, ils s'entourent de conseillers et d'administrateurs d'origine romaine ; ils reçoivent le baptême et pratiquent la religion chrétienne. Ils fondent des royaumes indépendants qui fragmentent l'Empire, tout en s'inspirant de ses institutions. Noël 800, Charlemagne, roi des Francs, est couronné à Saint-Pierre de Rome, restaurant l'Empire latin déchu. Ses conquêtes lui permettent, en effet, de contrôler une large partie de l'Occident. L'Empire carolingien s'est toutefois vite effondré. En 843, à Verdun, il est partagé entre les trois petits-fils de Charlemagne. Au sud de la péninsule Ibérique et de l'Italie, de nombreux raids sont menés par les pouvoirs musulmans. Les attaques des Hongrois et des vikings déstabilisent autant les nouveaux royaumes issus de l'Empire carolingien. Plus décisif encore : les ducs et comtes auxquels le roi a délégué une portion de son pouvoir fondent leurs propres dynasties, transmettant leur charge à leurs fils. Ils créent des duchés et comtés indépendants, pour lesquels ils prêtent épisodiquement allégeance au roi qu'ils ont élu eux-mêmes.

Les médiévistes font commencer le *Moyen Âge central* ou « classique » autour de l'an mil. Une période d'expansion agricole, de croissance démographique et d'essor des villes commence alors. Aux Xᵉ et XIᵉ siècle, le pouvoir royal continue pourtant sa chute. En 987, en France, les Capétiens succèdent aux Carolingiens ; la légitimité de leur pouvoir est largement contestée par les ducs et les comtes, dont les principautés sont elles-mêmes morcelées en seigneuries. Des châteaux quadrillent désormais le territoire. Ils symbolisent le pouvoir du noble qui y demeure et recourt aux armes pour assurer l'ordre dans son district ou « détroit », l'espace du ressort de sa forteresse. Les chevaliers sont alors nombreux à participer à l'expansion territoriale de l'Occident latin au détriment de l'Islam dans la péninsule Ibérique, en Italie et en Syrie-Palestine. Au XIIᵉ siècle, la royauté se renforce, souvent en conflit avec les princes territoriaux et les châtelains. Les écoles cathédrales lui fournissent le personnel administratif, fiscal et judiciaire dont elle a besoin pour gouverner. Au XIIIᵉ siècle, l'État se consolide.

À partir des années 1050, le clergé s'engage dans un mouvement de renouveau qu'on appelle la « réforme grégorienne ». Le réseau paroissial se développe. Aux siècles suivants, de nouveaux ordres religieux viennent s'ajouter aux monastères bénédictins traditionnels qui, isolés dans la campagne, se vouaient presque exclusivement au culte divin. Par leur prédication, les dominicains et les franciscains contribuent désormais à élever le niveau spirituel des laïcs. Les évêques supervisent la construction des cathédrales gothiques. La papauté est forte. Elle encourage la fondation des universités.

Les XIVe et XVe siècles constituent le *Moyen Âge tardif*. La période se caractérise par un important déclin démographique en net contraste avec la croissance des trois siècles précédents. La descente générale de la température et des pluies trop abondantes entraînent de mauvaises récoltes. Durant les années 1315-1317, une famine sans précédent s'abat sur l'Occident. Puis les disettes se succèdent. Les populations mal nourries doivent affronter la peste noire qui provoque la disparition d'un tiers – voire la moitié dans les villes – des habitants de l'Occident entre 1347 et 1352.
La guerre de Cent Ans sévit : elle oppose les Valois aux Plantagenêts anglais pour la couronne de France. D'autres conflits aussi meurtriers voient le jour partout en Europe. Les paysans se soulèvent, comme dans la Jacquerie de 1358 en France ou la révolte de 1381 en Angleterre. La papauté connaît également des difficultés notables : à partir de 1309, elle quitte Rome pour Avignon ; entre 1378 et 1418, époque du Grand Schisme d'Occident, deux papes rivaux, chacun dans l'une de ces deux cités, se disputent le gouvernement de l'Église. S'il

y a une période qui cumule tous les malheurs contribuant à la légende noire du Moyen Âge, c'est bien le XIVe siècle.

Cette époque ne mérite pourtant pas une perception si pessimiste. Plusieurs changements positifs l'accompagnent. La dépopulation accroît la valeur de la main-d'œuvre, mieux considérée et davantage rémunérée que par le passé ; la servitude recule. La bourgeoisie des villes s'impose au détriment des seigneurs ruraux. L'artisanat et le commerce profitent d'un système bancaire plus sophistiqué et de nouveaux investissements qui favorisent l'expansion maritime de l'Occident. Les rois accroissent leurs moyens, alors que se développe le sentiment national autour de leur personne et de leur État en construction. Pour mener la guerre, ils ont recours à une fiscalité négociée avec leurs sujets dans les états généraux, ancêtres des parlements modernes. La littérature et la peinture explorent de nouveaux terrains esthétiques et psychologiques. La spiritualité des laïcs prend de l'essor. Ces innovations préparent l'Époque moderne, dont le début varie au gré des manuels scolaires : fin de l'Empire romain d'Orient avec la conquête turque de Constantinople (1453), invention de l'imprimerie par Gutenberg (1454) ou découverte de l'Amérique (1492).

1.

Le Moyen Âge rabaisse les femmes

Il s'agit là d'un poncif des plus répandus sur le Moyen Âge. La condition féminine serait asservie, ne jouirait d'aucune liberté, contrainte à sa seule fonction première, enfanter. Or, la période est beaucoup plus favorable aux femmes que le XIXe siècle, par exemple.

Commençons par le sacré. Au Moyen Âge, maintes saintes font l'objet d'un culte chrétien : la Vierge Marie, les martyres Agathe, Lucie ou Perpétue, mais aussi Geneviève, Radegonde, Marguerite et tant d'autres. Leurs reliques attirent de nombreux croyants qui les prient d'intercéder pour eux et pour les leurs auprès de Dieu. Cette dévotion collective est entérinée par l'épiscopat qui reconnaît la sainteté de ces femmes, auxquelles l'amour de Dieu, l'effort ascétique, la charité envers le prochain et, encore plus, l'aide de la grâce ont ouvert la vision béatifique dans l'au-delà.

L'existence des saintes prouve que les médiévaux croient toute femme dotée d'intelligence et de volonté qui la rendent capable de réfléchir, de prendre des décisions et de poser des actes libres. Nul ne doute que son corps soit bel et bien animé par une âme spirituelle – sur ce point, elle est la parfaite égale de l'homme. Une telle évidence relèverait de la lapalissade, si quelques-uns de nos contemporains ne la remettaient régulièrement en cause au nom de la prétendue misogynie « moyenâgeuse ».

L'impossible débat sur l'âme féminine

Le *topos* de l'inexistence d'une âme féminine revient souvent. En 1877, par exemple, Victor Hugo dénigre une catégorie de prêtres psychorigides que « la chair indigne et qui jadis nia l'âme des femmes[1] ». La littérature féministe de l'après-Mai 68 s'empare du lieu commun : « L'âme aussi avait un sexe. La nôtre n'était pas de nature aussi divine que l'âme masculine », remarque Benoîte Groult en 1975[2]. Plus près de nous, un essayiste à la page, en ardent défenseur de l'athéisme, ironise sur ces « joyeux drilles, les chrétiens [qui] soumettent à la discussion au concile de Mâcon en 585 » l'existence de l'âme féminine[3]. Ce raccourci relève de la polémique et de la caricature. Du moins la précision sur le lieu et sur l'année nous donne-t-elle une piste sur les origines de cette interprétation erronée.

La méprise provient d'une lecture inexacte de Grégoire († 594), évêque de Tours et chroniqueur des temps mérovingiens. Son *Histoire* rapporte les discussions du synode provincial de Mâcon de 585, qui ont lieu en latin, langue des élites cultivées, de moins en moins parlée, au profit de l'ancien français. Cette évolution de la langue ne va pas sans poser des problèmes à ses locuteurs. Grégoire de Tours nous apprend qu'au cours du concile un évêque « dit qu'on ne peut désigner la “femme” par le mot “homme” » (*mulierem hominem non posse vocitare*). Les clercs présents le contredisent à l'aide de la Bible affirmant que « “Dieu les créa homme et femme” (Genèse I, 27) et qu'il leur donna le nom d'Adam ». Se fondant sur l'étymologie hébraïque proposée jadis par saint Jérôme, ils lui font remarquer qu'« Adam signifie “homme terrestre”, terme qui contient aussi bien l'homme que la femme et qui est donc employé pour l'un et pour l'autre ». Ils constatent enfin que le Christ est appelé « le Fils de l'homme, alors qu'il est fils de la Vierge, c'est-à-dire d'une femme[4] ».

La discussion du concile de Mâcon est vite close. Purement linguistique et nullement anthropologique, elle porte sur l'utilisation en épicène du terme « homme ». À aucun moment il n'y a été question de l'âme de la femme. Les échanges d'arguments entre évêques et prêtres rappellent, à bien des égards, nos débats actuels sur l'écriture inclusive autour de l'ajout systématique du genre féminin au mot masculin. Loin d'être rétrograde, la discussion de 585 ne refléterait-elle pas une bien moderne attention envers la femme ?

Détentrice de biens et droits

Le statut de la femme médiévale diffère surtout en fonction des âges de la vie. Si la jeune fille nubile dépend de ses parents, une fois mariée, elle peut collaborer étroitement avec son époux dans la gestion des biens familiaux et prendre des décisions avec lui. La liberté personnelle de la veuve et sa marge de manœuvre sont d'autant plus grandes si elle assume la tutelle de ses enfants en bas âge. Elle devient souvent l'usufruitière de l'héritage familial. Elle jouit du respect des sociétés traditionnelles envers les personnes âgées, dont les avis comptent toujours. On considère notamment fort efficaces pour la santé ses remèdes « de vieille femme » ou « de grand-mère », issus d'une longue expérience et de secrets que les femmes sont censées se transmettre entre elles.

Dans les familles aisées, un transfert de patrimoine entre les futurs conjoints est stipulé au moment des fiançailles. À l'époque romaine, il s'agissait de la dot, que la mariée apportait au couple. Au Ve siècle, par contraste, le système introduit par les Germains en Occident est bien plus favorable à la femme. Il remplace la dot par le douaire, une donation du mari à son épouse qui peut en jouir en toute indépendance. Le douaire reconnaît la supériorité sociale de la famille de la femme, qui exige des biens du prétendant.

Au XIIe siècle, retour de bâton. La renaissance du droit romain instaure à nouveau la dot et, par conséquent, une détérioration du statut juridique de la femme. Du statut social aussi, puisqu'elle doit, d'une certaine façon, payer pour épouser un homme de condition plus élevée qu'elle[5]. Les filles à marier deviennent même alors un souci financier. On se souviendra d'une célèbre tirade – « Sans dot ! » – de *L'Avare* de Molière[6], empruntée en partie à l'*Aulularia* (« La Marmite ») de Plaute, un auteur romain qui connut un droit dotal similaire aux IIIe et IIe siècles avant Jésus-Christ.

L'histoire de la condition féminine n'est pas linéaire dans le sens d'un progrès toujours croissant. Elle connaît des fluctuations, des avancées et des retours en arrière. Mais, outre le douaire, le Moyen

Âge apporte une amélioration bien plus décisive au statut de la femme. Le modèle chrétien de mariage propose notamment la monogamie, à l'encontre des pratiques de l'aristocratie romaine ou germanique, adepte de la polygynie et des amours ancillaires des maîtres envers les esclaves. La nouvelle doctrine rend plus difficile pour le mari de répudier de façon arbitraire son épouse.

Les canonistes ou juristes ecclésiastiques défendent même le consensualisme, le libre consentement des deux contractants – dont évidemment la fiancée –, qui doit être explicitement exprimé au moment des noces[7]. Vers 1090, Urbain II tance vertement Sanche Ramirez, roi d'Aragon, qui veut obliger sa nièce à épouser l'un de ses chevaliers que ce mariage avantageux devrait récompenser pour de loyaux services. La fille refuse et en appelle au pape qui prend son parti au nom d'une doctrine et une jurisprudence bien établies : « Ceux qui deviendront un seul corps ne sauraient faire qu'un seul esprit », argumente Urbain II[8].

La monogamie et le consensualisme ne l'emportent évidemment pas du jour au lendemain au sein de l'aristocratie occidentale, habituée à d'autres abus masculins. Mais même théoriques, ces deux principes représentent un progrès considérable pour la condition féminine. Tout compte fait, le Moyen

Âge préfigure quelques-unes des grandes transformations féministes du XXe siècle.

Urraque, Ermengarde, Aliénor et tant d'autres femmes de pouvoir

Quant à l'idée reçue selon laquelle les femmes médiévales seraient toutes cantonnées au ménage et à la cuisine… Plusieurs femmes se sont retrouvées, seules, à la tête d'un royaume ou d'une vaste principauté territoriale. C'est particulièrement vrai au XIIe siècle – la période du Moyen Âge qui a été certainement la plus favorable aux femmes. La reine Urraque († 1126) occupe, plus d'un quart de siècle durant, le trône de León et Castille. Elle s'est même séparée de son second mari, Alphonse Ier d'Aragon, car elle ne supportait pas son interventionnisme dans son propre gouvernement ; une guerre s'est ensuivie entre les deux royaumes[9].

Entre 1134 et 1193, Ermengarde, vicomtesse de Narbonne, dirige, seule, un vaste territoire du littoral languedocien ; elle fait briller sa cour, fréquentée aussi bien par des troubadours que par des légistes[10]. Moins chanceuse, l'impératrice Mathilde († 1167), désignée par son père Henri Ier (1100-1135) pour lui succéder sur le trône d'Angleterre, doit mener une longue guerre contre son cousin germain

Étienne de Blois, usurpateur de ses droits. Elle parvient néanmoins à transmettre l'Angleterre à son fils Henri II[11]. Faut-il rappeler que la loi salique, excluant les femmes de la succession au trône de France, n'a été théorisée et adoptée qu'aux alentours de 1400 afin de miner les droits des prétendants anglais[12] ?

La bru de l'impératrice Mathilde est Aliénor d'Aquitaine (1124-1204), épouse d'Henri II d'Angleterre. Il serait évidemment anachronique de la voir comme une figure « féministe », puisque la cause n'existait pas. Néanmoins, Aliénor incarne la figure de ces « femmes puissantes » que notre modernité croit avoir découverte… À l'instar de sa belle-mère Mathilde, elle défend avec acharnement ses droits contre les hommes qui osent les lui contester.

Héritière du centre et du sud de l'Ouest de la France, Aliénor épouse, en 1137, Louis VII, roi capétien. Elle le pousse souvent à intervenir avec les troupes françaises en Aquitaine et à mener la guerre contre Toulouse qu'elle revendique au nom de sa grand-mère. Elle voyage avec lui pour la deuxième croisade jusqu'à Constantinople, Antioche et Jérusalem. En 1152, le roi obtient cependant que son mariage soit déclaré nul sous prétexte de leur consanguinité à un degré interdit par l'Église. Sans doute la raison de cette répudiation est qu'elle ne lui a pas donné d'héritier mâle, mais seulement deux filles.

Deux mois seulement après sa séparation, Aliénor convole en secondes noces avec Henri II, de dix ans son cadet, duc de Normandie et comte d'Anjou, qui deviendra en 1154 roi d'Angleterre. Elle lui donnera jusqu'à onze enfants. À son côté, elle ne cesse de parcourir leur Empire Plantagenêt, qui s'étend des Pyrénées à l'Écosse et de l'est de l'Irlande à l'Auvergne. En 1173, lassée de l'autocratie de son mari, qui tente d'imposer sa propre politique en Aquitaine, Aliénor fomente contre lui une révolte où ses garçons prennent son parti. Mais elle échoue et connaît une longue captivité de quinze ans.

Cette nouvelle épreuve n'entame pas la détermination d'Aliénor d'Aquitaine. En 1189, la mort de son second mari lui redonne même tout son pouvoir, que son veuvage lui permet d'exercer avec fermeté. En l'absence de son fils Richard Cœur de Lion, parti à la croisade, puis captif de l'empereur romain germanique, elle exerce une véritable régence, s'opposant à son fils cadet Jean Sans Terre qui tente de déposséder son frère.

En 1199, à la mort de Richard, Aliénor prend le parti de Jean contre son petit-fils Arthur de

Bretagne. Elle lui obtient le soutien des villes d'Aquitaine, auxquelles elle accorde des franchises et libertés. Elle attire aussi dans son camp les seigneurs, respectueux de son statut ducal et du charisme de son autorité. Septuagénaire, elle mène une activité débordante. Elle ne pourra cependant pas empêcher son fils Jean de perdre à la guerre l'essentiel de ses territoires continentaux, que saisit Philippe Auguste, roi de France.

À la fin de sa vie, Aliénor d'Aquitaine se retire à Fontevraud, aux lisières de la Touraine, de l'Anjou et du Poitou. Elle suit les offices dans l'abbaye du village, où sont enterrés son second mari et deux de ses enfants. Fontevraud est un monastère double, composé d'hommes et de femmes. Les nonnes sont cependant bien plus nombreuses. Tout comme les moines, elles se consacrent à la prière, mais aussi à des œuvres d'assistance, notamment à l'accueil de lépreux et de prostituées repenties. L'abbesse exerce son autorité aussi bien sur elles que sur les moines. Aliénor a dû particulièrement apprécier l'une de ces supérieures, Mathilde d'Anjou († 1155), tante de son mari, devenue moniale de Fontevraud à la mort en mer de son fiancé, Guillaume Adelin († 1120), fils d'Henri Ier d'Angleterre et frère de l'impératrice Mathilde[13].

Aliénor meurt, passés les quatre-vingts ans, en 1204, année de la conquête de la Normandie par le Capétien[14]. Sa biographie témoigne d'une indéniable capacité d'action politique que quelques hommes tentent en vain d'entraver.

Quand les femmes prennent les armes

Les femmes médiévales prennent-elles part à la guerre ? En 2014 et 2017, des analyses ADN des ossements d'une sépulture, découverte à la fin du XIXe siècle à Birka, près de Stockholm, ont révélé que l'individu inhumé n'était pas un homme, comme on le croyait jusqu'alors, mais une femme. Morte à la trentaine, celle-ci avait été enterrée avec une épée, un couteau de combat, une hache, deux lances, plusieurs flèches, deux boucliers et deux chevaux. Ce qui laisse supposer qu'il s'agissait d'une combattante, participant aux expéditions vikings[15].

La réalité est un peu plus complexe. De fait, les armes et autres objets coûteux enterrés dans les sépultures du Haut Moyen Âge servent à mettre en valeur la richesse d'une famille – des enfants sont inhumés de la sorte[16]. En outre, les ossements des guerriers de métier traduisent une musculature supérieure et des blessures et fractures, ce qui n'est pas le cas à Birka. Peut-être quelques femmes scandinaves, plus endurantes que la moyenne, attirées par la guerre et désirant vivre en célibataires indépendantes, ont-elles pris part à des raids maritimes ? C'était à titre exceptionnel. Si des femmes accompagnaient souvent les vikings, elles pouvaient l'être en tant qu'épouses ou servantes, presque jamais en tant que combattantes.

Le plus souvent, les femmes prennent les armes pour se protéger d'une attaque ou pour défendre une place assiégée[17]. Les déboires de Marguerite de Beverley en Terre sainte sont bien renseignés grâce au récit de son frère cadet Thomas († v. 1225), cistercien au monastère de Froidmont, près de Beauvais. Cette femme, née en Palestine lors du pèlerinage de ses parents, y retourne quelques années plus tard. L'été de 1187, le siège de Jérusalem par Saladin la surprend dans la ville qu'elle défend avec acharnement. Son frère lui fait alors dire : « J'ai assumé les tâches d'un homme, devenant une brutale virago, prétendant, femme que j'étais, être un homme. »

Thomas ajoute que sa sœur se bat sur les remparts, portant une cuirasse, se protégeant la tête avec un chaudron en guise de casque et apprenant à dissimuler, écrit-il, sa peur et sa faiblesse[18]. Légèrement blessée, elle est capturée par les Turcs et réduite en esclavage une quinzaine de mois. De retour en Europe, elle visite Rome et Saint-Jacques de Compostelle, puis elle prend le voile des cisterciennes de Montreuil (Picardie). Son frère qui, à la mort de leurs parents, a été élevé par cette femme extraordinaire, de onze ans son aînée, n'ose jamais critiquer ni ses voyages, ni ses combats. Il admire notamment son engagement guerrier pour Jérusalem.

Tout au long du Moyen Âge, les femmes ont été nombreuses à avoir défendu des places fortes à l'instar de Marguerite de Beverley. Le 25 juin 1218, Simon de Montfort, meneur de la croisade albigeoise, est tué d'une pierre lancée par une catapulte de Toulouse qu'il était en train d'assiéger. Parfaitement informée sur ces événements, la *Chanson de la croisade albigeoise* nous apprend que cette machine était actionnée par des « dames, jeunes filles et épouses » de la cité[19].

Il est normal que la femme défende, bec et ongles, sa maison, voire sa ville, alors qu'elle est maîtresse des espaces intérieurs, notamment de la cuisine[20]. L'allusion au chaudron transformé en casque sur la tête de Marguerite de Beverley n'est pas anodine. Elle renvoie au contrôle des denrées alimentaires et de la nourriture par la femme, source de son indéniable pouvoir sur les hommes[21].

Les femmes savantes

Aliénor d'Aquitaine commande sa propre sculpture funéraire pour le chœur du monastère de Fontevraud, où elle a élu sépulture. Ce gisant la représente en train de lire un livre ouvert, probablement un psautier ou recueil des prières selon les heures liturgiques. La reine a correspondu avec l'abbesse Hildegarde de Bingen (1098-1179), prédicatrice, poétesse et visionnaire, mais aussi phytothérapeute avant l'heure, qui a dicté une œuvre impressionnante[22].

Laïques ou religieuses, les dames de la noblesse possèdent une culture indéniable, sans doute supérieure à celle de leurs frères et maris qui consacrent le plus clair de leur temps aux activités militaires. À l'aide de leur livre d'heures, elles prennent en charge l'alphabétisation de leurs enfants et elles leur apprennent les rudiments du latin[23].

Quelques femmes médiévales ont d'ailleurs pris la plume. Marie de France est la première écrivaine de langue française. Autour de 1160, cette aristocrate travaille en Angleterre, alors sous domination normande. Elle dédie l'un de ses livres au roi Henri II dont elle fréquente la cour. L'un de ses auditeurs affirme que ses *Lais* (contes rimés d'inspiration celtique) « plaisent d'habitude aux dames, car ils répondent à leurs goûts[24] ». Son jugement coïncide avec la tonalité féminine que Marie sait donner à son œuvre. C'est avec précision qu'elle décrit le bébé « allaité, changé de couches et baigné », mais aussi le gynécée du château, la rumeur des dames, qui fait et défait les réputations, la domesticité féminine ou le couvent de nonnes. Souvent évoqué, le thème de la mal mariée traduit la peur des jeunes filles de la noblesse pour les noces forcées, que la poétesse tient pour « un grand péché[25] ».

Les femmes sont les véritables protagonistes des *Lais*. Elles peuvent être exceptionnellement dessinées sous les traits terrifiants de la harpie. La plupart d'entre elles sont néanmoins des amoureuses sincères, des épouses fidèles ou des mères attentives, dont l'ingéniosité et l'habileté surmontent des situations rendues intenables par les hommes. Dépeints par une grande dame, tous ces personnages et ces scènes touchent un public féminin.

Il y a certes moins d'écrivaines au Moyen Âge que d'écrivains, mais, après tout, leur nombre n'a augmenté de façon notable que très récemment. Même si elle prend rarement la plume, la femme est le centre de la lyrique, poésie des sentiments amoureux. Dès le tout début du XIIe siècle, les troubadours du midi de la France la chantent d'après de nouveaux codes empruntés aux relations vassaliques. Ils en font leur dame au sens féodal du terme : ils lui prêtent foi et hommage, reçoivent des gages d'elle, lui obéissent aveuglement et lui rendent les plus invraisemblables des services. Et ils se surpassent dans les épreuves et combats afin de bénéficier de son attention.

La soumission du troubadour à sa dame relève bien sûr de la rhétorique[26]. Chantée dans les veillées nobiliaires, elle devient néanmoins un modèle de conduite susceptible d'améliorer le comportement des hommes envers les femmes. On lit dans le *Perceforest*, un roman arthurien rédigé en 1344, que « si le gentilhomme qui reçoit l'ordre de chevalerie ne ressemble pas à la pucelle en grâce et en vertu, il ne doit pas être nommé chevalier, aussi preux soit-il[27] ». La demoiselle doit ainsi être imitée par le combattant le plus aguerri. La *fin'amor* des troubadours, que la critique littéraire traduit par « amour courtois » depuis le XIXe siècle, civilise les mœurs des chevaliers. L'influence de la femme médiévale sur les siens est décisive.

Misogyne, le Moyen Âge ? L'accusation ne tient pas. Par rapport au droit romain, qui réduisait trop souvent le statut juridique de la femme à celui du mineur, la période médiévale constitue un indéniable progrès. Dans la pratique, la femme possède souvent un patrimoine propre. Elle assume des responsabilités incontestables, au-delà du domaine strictement domestique. Dans la noblesse, elle jouit d'une culture lettrée, sûrement supérieure à celle des hommes laïcs. Elle exerce un pouvoir indiscutable, surtout pendant son veuvage. Elle peut même, dans des cas exceptionnels, prendre les armes pour défendre une place forte. Loin d'être asservie, elle s'affirme dans une certaine indépendance.

2.

Le Moyen Âge rejette l'autre

Paru en 1960, l'ouvrage *L'Enfant et la vie familiale sous l'Ancien Régime*, de Philippe Ariès, fit grand bruit. Il décrivait la profonde « révolution sentimentale » dans la relation parent-enfant. Avant le XVIIIe siècle, explique le livre, l'enfant n'était pas apprécié en tant que tel, mais comme un adulte en miniature, à qui on ne fournissait ni amour ni soins spécifiques. Négligé et même ignoré, il n'était donc pas considéré pour lui-même. Une natalité pléthorique et une mortalité infantile ravageuse auraient empêché les parents de s'attacher à cet « éventuel déchet », *dixit*, une créature insignifiante vouée à une mort précoce.

Selon Philippe Ariès, les Lumières auraient tourné la page d'un Moyen Âge indifférent à l'enfant. Elles auraient inauguré le schéma d'une famille moins nombreuse, englobant seulement le couple et une progéniture réduite, loin des vastes fratries d'antan. Avec la modernité, conclut l'ouvrage de 1960, l'enfant, placé au cœur du foyer, est devenu l'objet d'une attention spécifique et d'une affection véritable.

Ce livre a beaucoup contribué à dégrader le cas du Moyen Âge, lesté d'un cœur de pierre, où l'enfant est négligé. Pire : l'idée reçue de l'insensibilité des médiévaux envers ceux qui ne leur ressemblent pas ne se limite pas aux enfants. Les malades, surtout lépreux, les juifs ou les musulmans appartiendraient au groupe de ces marginaux rejetés, voire persécutés. L'étude des documents de la période prouve, au contraire, que les communautés médiévales sont loin d'être si fermées et intolérantes.

Berceaux, jouets et psautiers

Les vestiges archéologiques témoignent de l'attention que les hommes et femmes du Moyen Âge accordent à leurs enfants. En bois ou terre cuite, de nombreux jouets de l'époque sont exposés dans nos musées : poupées, hochets, sifflets, dînettes, billes, toupies, quilles, animaux en miniature[1]... On peut également y contempler des berceaux médiévaux, dont les sillons laissés dans le sol – que repèrent parfois les archéologues – indiquent un mouvement de bercement. De même, les trotteurs et chariots de marche figurent dans les miniatures des manuscrits. Au Moyen Âge, les enfants reçoivent des cadeaux et des articles éducatifs comme au cours de n'importe quelle période de l'histoire !

Dans les familles plus aisées, des jouets facilitent l'apprentissage de la lecture. Les lettres de l'alphabet sont écrites sur des ceintures en cuir, tissus à broder ou tablettes en bois. La nutrition est également un moment privilégié pour l'apprentissage. D'ailleurs, le verbe latin *nutrire*, devenu *norrir* en ancien français, signifie aussi bien « nourrir » qu'« éduquer ». L'abécédaire apparaît donc sur les bols, mais aussi sur certains gâteaux et sucreries. Livrés par l'archéologie et l'iconographie, ces jouets et inscriptions traduisent une sensibilité indéniable aux différentes phases de l'enfance et aux apprentissages transmis de façon ludique.

La mère se sent proche de ses enfants dès la grossesse même. Si, à Rome, les mouvements de l'enfant dans le ventre maternel pouvaient être interprétés comme source de malheur, les Évangiles voient dans le tressaillement de Jean-Baptiste dans le sein d'Élisabeth l'annonce de la venue du Christ (Luc 1, 41). À la naissance, l'enfant n'est nullement négligé. Pour la noblesse, la mise en nourrice est généralement la norme, elle ne fait cependant pas l'unanimité – une certaine méfiance entourant la lactation mercenaire.

Au début du XIIIe siècle, les romans de la Table ronde veulent le sénéchal Keu « fou, vilain et félon » parce que la nourrice à laquelle il a été confié dès sa naissance l'a « dénaturé »[2]. Allaité par la mère de Keu, le roi Arthur, son frère putatif, l'excuse volontiers : « C'est mon devoir de le supporter patiemment, car ses défauts lui viennent de la femme qui l'a nourri et que c'est pour moi qu'il a été privé du sein maternel[3]. » À l'époque, la prédication et l'iconographie diffusent l'image de la Vierge allaitant son fils Jésus, modèle que les mères chrétiennes se doivent d'imiter[4].

Les enfants de l'aristocratie et de la bourgeoisie reçoivent souvent leur première alphabétisation grâce à leur mère. Compilé vers 1300, le *Nominale sive verbale* est un glossaire franco-anglais à l'usage des seigneurs de l'île qui se doivent de maîtriser les deux langues. L'une des phrases que l'enfant mémorise met en valeur la mère éducatrice, celle-là même qui lui fait lire le *Nominale* : *Femme enprent enfant sur liuere* = *Woman lernyth chylde on boke*, qu'il faut sans doute traduire par « La femme apprend à lire à son enfant sur un livre[5] ». La *Vie* de saint Bernard de Menthon, qui vécut en Savoie au XIe siècle, dit à son sujet : « À deux ou trois ans, dès qu'il sut parler, souhaitant ardemment lire le livre de prières de sa mère, il se mit à épeler les lettres, puis à combiner les syllabes[6]. » Autre indice confirmant la place qu'occupe la mère dans l'enseignement de la lecture : l'émergence, dans la sculpture et la peinture de la fin du Moyen Âge, de l'image de la Vierge lisant un manuscrit que lui montre sa mère sainte Anne[7].

D'ailleurs, comme bien des filles et garçons de son temps, Bernard de Menthon apprend à lire dans un livre de dévotion que possèdent presque toutes les dames de la noblesse. Il s'agit du livre d'heures, avec les prières de la journée, ou du psautier, contenant la traduction latine des cantiques de louange attribués au roi David. Les sculpteurs des XIIIe et XIVe siècles personnifient les sept arts libéraux en femmes voilées : parmi elles, Grammaire initie à la lecture et à l'écriture plusieurs enfants qui l'entourent, un livre ouvert sur leurs genoux. La féminité est donc capitale dans l'alphabétisation des enfants. Et le Moyen Âge n'est pas impitoyable envers les plus petits.

Le père est-il présent auprès de ses enfants ? La question serait oiseuse, s'il ne se trouvait pas des auteurs pour affirmer le contraire : « À vrai dire, le père paraît assez peu – la mère seule se charge du petit enfant braillard et crotté [...]. Âgé – car il se marie tard pour des raisons économiques –, le père ne voit guère grandir son enfant », affirme une histoire de la paternité écrite à la toute fin du XXe siècle[8]. Une telle vision est depuis battue en brèche[9]. Le père médiéval éprouve de l'affection envers ses fils et filles. Les récits de miracles rapportent, par exemple, son souci pour leur santé, qui se manifeste dans la tristesse et les pleurs ; le père de l'enfant malade se précipite vers le médecin et, en désespoir de cause, il entreprend un long pèlerinage pour implorer l'aide d'un saint et obtenir la guérison[10].

Les moralistes insistent sur la part qui revient au père dans l'éducation de l'enfant. À ce sujet, Thomas d'Aquin écrit :

> « Même parmi les fauves les plus sauvages, la femelle seule ne suffit pas à l'éducation de la progéniture [...]. À plus forte raison, dans l'espèce humaine, l'homme doit intervenir dans l'éducation, non seulement en nourrissant le corps, mais davantage encore l'âme[11]. »

Plus qu'un conseil, c'est un constat que formule le théologien. Le Moyen Âge connaît évidemment le sentiment paternel !

Le progressif renfermement du lépreux

Par-delà la petite enfance, demandons-nous si le Moyen Âge est si impitoyable qu'on le prétend envers les plus faibles. Concernant les malades, surtout contagieux, sont-ils marginalisés au cours de la période médiévale ? En tenant compte de l'évolution chronologique, le cas des lépreux invite à la nuance.

Arrivée en Occident pendant l'Empire romain, cette maladie déforme le visage du porteur et mutile ses membres. Durant les premiers siècles, elle ne frappe pourtant pas d'exclusion. Aux portes de Paris, saint Martin (316-397) fend la foule pour embrasser un lépreux qui s'y trouve[12]. Le légendaire hagiographique présente la reine Mathilde d'Écosse, le comte Thibaud de Champagne et Julien l'Hospitalier secourant un lépreux qui se transforme miraculeusement en Jésus lui-même. Enfin, la traduction latine de la Vulgate dit « lépreux » (*leprosus*) le serviteur souffrant du prophète Isaïe (53, 4), « homme de douleurs » en qui les exégètes voient Jésus en croix. Le Christ lui-même guérit plusieurs malheureux atteints de cette maladie. Une de ses paraboles condamne le riche qui néglige le pauvre Lazare (Lc 16, 19-31), dont le nom a donné, en ancien français, *ladre*, « lépreux ».

Les clercs tiennent souvent un discours favorable au lépreux. Ils considèrent que ses souffrances, similaires à celles de la passion du Christ, rachètent les péchés de l'humanité. Ils insistent donc sur les œuvres de miséricorde au service de ce malade. La prédication influe sur les pratiques sociales[13]. Dans son testament, François d'Assise (1181/1182-1226) attribue sa propre conversion à la fréquentation de lépreux, dont il a fini par se rapprocher, non sans avoir surmonté une première répugnance :

> « Lorsque j'étais dans les péchés, il me semblait extrêmement amer de voir des lépreux. Et le Seigneur me conduisit parmi eux et je leur fis miséricorde. Et en m'en allant de chez eux, ce qui me semblait amer fut changé pour moi en douceur de l'âme et du corps ; et après cela, je sortis du monde[14]. »

Pourtant, en parallèle, et en contradiction avec la charité chrétienne, une perception plus négative de la lèpre semble se répandre[15]. Elle la tient pour une conséquence de la débauche sexuelle du malade, violeur potentiel car incapable de contrôler ses pulsions. Tristan sauve *in extremis* Iseult de la horde de lépreux auxquels le roi Marc, le mari trompé, la livre pour se venger[16]. Dans *Jaufre*, roman arthurien en langue d'oc de la fin du XIIe siècle, deux lépreux tuent des enfants pour en boire le sang[17]. Cette mauvaise image ne s'arrangera pas avec le temps : au XIVe siècle, la méfiance envers ces malades est accrue par la peur de la contagion dont la peste contribue à faire prendre conscience. À l'été 1321, en Aquitaine, dans un mouvement d'hystérie collective, on les accuse d'empoisonner les puits[18].

Jusqu'alors, de nombreuses léproseries avaient été fondées dans les villes ou à proximité. Il s'agissait de communautés quasi religieuses, dont les offices rythmaient la journée ; les malades y vivaient avec des prêtres et des laïcs sains qui leur étaient dévoués. À partir du XIVe siècle, ces établissements changent de statut : ils sont éloignés des agglomérations et fermés. Ils sont donc écartés, exclus de la communauté des hommes. Y entrer comporte désormais une sorte de rite funéraire au cours duquel le lépreux, à jamais marginalisé, renonce définitivement au monde. Cette détérioration de sa condition est nouvelle. Elle coïncide avec la fin du Moyen Âge.

Des hôpitaux à profusion

Pour autant, cet enfermement tardif des lépreux n'est qu'un versant de la logique hospitalière médiévale. L'aspect le moins glorieux ne saurait colorer une période entière... Car, avant le XIIe siècle, les pauvres et malades vivent surtout dans les campagnes où la communauté villageoise n'a guère de mal à les intégrer. Il en va de même avec les handicapés et les personnes âgées que la famille et les voisins prennent spontanément en charge. Cette solidarité est bien éloignée des conditions de vie des personnes âgées isolées de notre XXIe siècle... En matière d'entraide, le Moyen Âge pourrait même nous inspirer !

Dès le XIIe siècle, l'essor urbain pousse des miséreux vers les villes, où ils peuvent vivre d'aumônes. Encouragé par le christianisme, un élan de solidarité fonde alors des hôtels-Dieu ou hospices afin de secourir les « pauvres du Christ[19] ». Ces institutions caritatives sont, en moyenne, une dizaine par ville, avec une trentaine d'assistés chacune : malades, invalides, moribonds, vieillards, parturientes, orphelins, pèlerins y sont lavés et nourris. Ils sont d'autant mieux acceptés que la pauvreté est réhabilitée alors, en particulier par les ordres mendiants (franciscains, dominicains, antonins, trinitaires ou mercédaires) qui choisissent eux-mêmes de renoncer à toute propriété, y compris communautaire, pour se consacrer aux plus démunis.

Dotées d'une chapelle assurant des offices, les « maisons de Dieu » sont tenues par des religieux hospitaliers, mais aussi par des fraternités de laïcs qui se découvrent une vocation de service au prochain. Des confréries s'occupent également de leurs membres en souffrance et d'autres laissés-pour-compte[20].

Depuis l'Empire romain, les évêques, chanoines et moines distribuaient, aux portes des cathédrales et abbayes, la nourriture, emmagasinée dans leurs aumôneries. À partir du XIIe siècle, des laïcs suivent massivement leur exemple, notamment à l'occasion des funérailles. Leurs testaments citent souvent la phrase de l'Ecclésiaste (3, 30) : « Comme l'eau éteint le feu, l'aumône efface la multitude des péchés. »

À la fin du Moyen Âge, comme si l'humanitaire se substituait au religieux, les maisons-Dieu se laïcisent. Elles sont prises en charge par les municipalités. Elles sont davantage médicalisées par la présence de docteurs dont le nombre est accru grâce à l'expansion des universités. L'Époque moderne changera encore plus leur nature. À en croire le philosophe Michel Foucault, le XVIIe siècle détourne l'esprit de l'institution hospitalière au profit du « grand renfermement » des aliénés qui vivaient jusqu'alors libres en syntonie avec leurs concitoyens[21].

Les juifs entre acceptation et rejet

L'attitude de la Chrétienté médiévale envers les juifs est beaucoup plus ambivalente ; elle oscille entre l'accueil et le rejet. Il faut garder en tête que les communautés juives sont importantes en Occident, surtout dans les villes. Elles s'autogèrent autour d'une synagogue, sous la juridiction de rabbins, dans des quartiers qui leur sont propres. Elles négocient leur statut et leur fiscalité avec les autorités chrétiennes qui les surimposent[22].

Au IXe siècle, les juifs connaissent leur moment de paix en Occident. La philosophie politique de Charlemagne s'inspire largement de l'Ancien Testament : les intellectuels de son entourage le comparent à Moïse ou à David et ils le disent à la tête du « nouvel Israël » que sont devenus les Francs. Depuis le *Traité contre les juifs* d'Augustin d'Hippone, la théologie chrétienne considère que les juifs rendent « un témoignage de la vérité » (*testimonium veritatis*), parce qu'ils sont attachés aux premiers livres de la Bible, et que leurs coutumes corroborent le contenu des Évangiles. Le droit canonique ou ecclésiastique interdit de forcer leur conversion qui, pense-t-on, s'accomplira inexorablement à la fin des temps.

Le XIIe siècle poursuit cette tradition de la tolérance et du respect. Plusieurs exégètes chrétiens apprennent l'hébreu de rabbins qui les aident à interpréter les Écritures : le cistercien Étienne Harding, André, chanoine de Saint-Victor de Paris, le prêtre Herbert de Bosham… La collaboration de savants issus des deux religions dans le domaine de la médecine et de l'astrologie est très étroite. Dans la péninsule Ibérique, les penseurs juifs jouent un rôle essentiel dans l'introduction de la philosophie d'Aristote et d'Averroès, grâce notamment à l'œuvre du juif Maïmonide (1138-1204), qui la rend compatible avec le monothéisme judéo-chrétien[23].

Pourtant, cette entente est ternie par les accusations tristement connues. La prétendue part des juifs dans la crucifixion du Christ, dont ils rejettent la Résurrection, suscite de la méfiance, voire de l'animosité. On considère, notamment, qu'ils n'existent que pour être au service des chrétiens[24]. En échange de leur protection, les autorités négocient avec eux une fiscalité plus exigeante. Elles ne peuvent pas toujours contenir les accusations infondées sur leur meurtre rituel d'enfants, dont le pape Innocent III montre l'absurdité. S'ensuivent des mouvements de foule qui, en marge des croisades ou sous prétexte des prêts usuraires des juifs, se déchaînent en pogroms.

Les sommités médiévales ne restent pas les bras croisés face à ces crimes. Quelques justes s'opposent aux exactions, à l'image de Bernard de Clairvaux en Rhénanie autour de 1145. Éphraïm ben Jacob (1132-1200), un juif de Bonn, rend grâce à « Yahvé qui, pour consoler nos pleurs et pour contrer le mauvais, envoya un prêtre bon et authentique, honoré de tout son clergé, qui connaissait et qui comprenait sa propre religion : son nom était Bernard et il était abbé de Clairvaux, en France ». L'éloge de la compréhension du christianisme concerne le message évangélique de charité qui pousse Bernard à défendre les juifs. Éphraïm va jusqu'à mettre sur les lèvres de Bernard une affirmation témoignant de son acceptation sincère de la judaïté de Jésus : « Tuer un juif est tuer le Christ lui-même[25]. » Le cistercien devient ainsi la mauvaise conscience des chrétiens dévoyés.

Son exemple n'est pas suivi par l'autorité royale, qui bascule dans le rejet. Entre 1180 et 1182, Philippe Auguste décrète la saisie des biens des juifs du nord de la France, puis leur expulsion. En 1306, Philippe le Bel étend ces mesures à l'ensemble du royaume. Les exilés se réfugient alors dans les États pontificaux et dans la péninsule Ibérique. Aux XIVe et XVe siècles, les peurs collectives provoquées par la peste, dont la diffusion est parfois attribuée aux juifs empoisonneurs, et la quête d'homogénéité religieuse par les nouveaux États de type national détériorent considérablement leur statut[26]. En 1492, leur expulsion du royaume de Castille et de la Couronne d'Aragon est le point d'orgue d'une persécution qui marque l'entrée de l'Occident dans l'Époque moderne.

Le Moyen Âge a certes participé à l'enseignement du mépris envers le peuple juif. Les penseurs des XVIe-XVIIIe siècles, à commencer par Luther, Voltaire et les Encyclopédistes, sont pourtant allés plus loin dans ce dénigrement. Aux époques modernes et contemporaines, l'hostilité envers les juifs n'a cessé de progresser. De la part des chrétiens médiévaux, elle était fondée sur une opposition identitaire, culturelle ou religieuse. On ne saurait pourtant confondre cet « antijudaïsme » avec « l'antisémitisme » qui, à partir du XIXe siècle, justifie l'oppression des juifs au nom de la race. Et les conséquences de cette nouvelle idéologie ont été bien plus catastrophiques qu'au Moyen Âge…

La découverte de l'islam

Les relations des chrétiens avec les musulmans sont moins tolérantes qu'avec les juifs. Fondé tardivement au VIIe siècle, l'islam n'est pas admis en Occident. C'est la religion de khalifats et émirats orientaux ou maghrébins envers lesquels la papauté et les rois chrétiens règlent les rapports par la diplomatie ou par la guerre. Au début, les Européens tenaient l'islam pour un polythéisme idolâtre où le Prophète et d'autres divinités étaient représentés dans des statues devant lesquelles les musulmans ou « païens » se prosternent en guise d'adoration. Aux antipodes de l'unicité absolue de Dieu et de l'interdiction des images en islam, c'est bien un panthéon diabolique musulman, composé notamment de Mahomet, Apollon et Tervagant, dont se fait l'écho, par exemple, la *Chanson de Roland.*

Cependant, quelques esprits éclairés prônent une certaine ouverture envers les musulmans, à l'instar de Pierre le Vénérable, abbé de Cluny, qui se fait traduire le Coran en latin. La connaissance de l'islam se précise donc chez les chrétiens cultivés. Vers 1155, le prologue de l'opuscule de Pierre, intitulé *Contre la secte des sarrasins*, préfère le dialogue à la guerre :

> « Je ne vous attaque pas, comme le font si souvent les nôtres, avec les armes, mais avec les mots, non pas par la force, mais par la raison, non pas dans la haine, mais dans l'amour. Un tel amour doit prévaloir entre ceux qui rendent culte au Christ et ceux qui le détestent, tout comme il prévalait entre les apôtres et les païens, qu'ils invitaient à embrasser la loi du Christ[27]. »

Membre de l'ordre franciscain, porté sur l'évangélisation de l'Islam depuis le séjour de François d'Assise en Égypte, l'Anglais Roger Bacon († 1292) préconise l'apprentissage de l'arabe pour entreprendre un dialogue sincère avec les musulmans. Selon lui, « ils conservent dans leur religion beaucoup de paroles des Évangiles et ils tiennent le Christ pour l'un des plus grands prophètes, né de la Vierge Marie sans intervention d'homme, mais par le seul souffle du Saint-Esprit ». Le franciscain va encore plus loin, condamnant même la croisade :

> « Mener la guerre contre les sarrasins ne sert à rien. Les incroyants ne se convertissent pas pour autant. Au contraire, ils sont tués et envoyés en enfer. Les survivants et leurs enfants développent davantage de haine contre la foi chrétienne dont ils s'éloignent à jamais. Ils sont encore plus déterminés à nous nuire. C'est pourquoi, un peu partout, nous avons rendu impossible la conversion des sarrasins[28]. »

Le jugement de Roger Bacon accorde la priorité à la mission selon l'enseignement évangélique au détriment de la croisade. Son approche n'est pas l'apanage d'un savant réputé. Autour de 1215, dans le roman *Willehalm* du chevalier Wolfram von

Eschenbach, Gyneburc, une princesse sarrasine qui s'est convertie au christianisme pour épouser le héros, demande aux chevaliers de son mari de respecter leurs ennemis musulmans ou « païens » ; elle rappelle que toutes les nations, quelle que soit leur religion, sont égales devant leur créateur :

> « Traitez avec égard ces créatures que Dieu a faites de sa main : le premier homme était païen. [...] Est-ce un péché d'avoir abattu ceux qui n'avaient jamais profité du baptême ? J'affirme que c'est même un très grand péché. Dieu a soixante-douze peuples, tous composés de ses créatures[29]. »

Le Moyen Âge, même prisonnier de ses propres représentations, n'est pourtant pas si intolérant qu'on se plaît si souvent à le décrire. Il permet à des communautés différentes de coexister. Parce qu'il prépare le christianisme, qui s'inscrit dans sa continuité, le judaïsme est notamment toléré.

C'est à la fin du Moyen Âge que l'État moderne tente d'unifier les conduites et les croyances. Il ne supporte plus la différence religieuse, ni l'intégration de certains malades, comme les lépreux. La modernité n'est pas toujours synonyme de progrès social. Elle favorise souvent le rejet de l'autre.

3.

Le Moyen Âge est inculte

À partir du XIIe siècle, on assiste à la mise par écrit d'une immense œuvre littéraire, véritable réservoir de récits, genres, mètres et rimes, dans lesquels ont puisé les meilleurs auteurs modernes et contemporains. C'est à partir de ce moment-là que l'alexandrin ou vers en douze syllabes naît dans les histoires et légendes sur Alexandre le Grand. Le roman doit son développement et son nom à l'époque médiévale ! Et la poésie lui est redevable de l'invention de la rime… Les Grecs et les Latins lui préféraient la prosodie, combinant les voyelles longues et courtes à l'intérieur du vers.

La littérature médiévale est un puits sans fond d'histoires et de personnages, qui irrigue encore les imaginaires d'aujourd'hui, comme elle a alimenté les chefs-d'œuvre d'hier. Shakespeare emprunte le roi Lear à Geoffroi de Monmouth († 1155), un clerc d'Oxford, et Hamlet à Saxo Grammaticus

(v. 1150-v. 1220), un moine proche de l'archevêque de Lund et du roi du Danemark. Wagner compose le *Parsifal* à partir du roman éponyme de Wolfram von Eschenbach (v. 1170-v. 1220), un chevalier poète, et son *Anneau du Nibelung* s'inspire largement de l'épopée germanique du XIIIe siècle. Plus près de nous, la *fantasy*, à l'origine de tant de romans, séries télévisées ou jeux vidéo, doit beaucoup à la littérature du Moyen Âge[1]. Les exemples pourraient être multipliés. La fiction la plus récente est souvent issue de récits médiévaux.

S'il existe une continuité indéniable entre la littérature du Moyen Âge et la nôtre, la sensibilité du XXIe siècle n'est évidemment pas celle des Ve-XVe siècles. Il nous faut un effort de dépaysement pour apprécier le legs immense des écrivains médiévaux. Le début du *Quichotte* (1605) met en scène l'autodafé au cours duquel le curé et le barbier du village brûlent les livres censés avoir causé la folie de leur ami. Ils les trient néanmoins et ils les commentent. De la part de Cervantès, ce passage dénote une parfaite maîtrise du roman de chevalerie médiéval – porte-voix de l'écrivain, les deux censeurs en épargnent quelques-uns dont ils reconnaissent les qualités[2]. L'« altérité » des œuvres médiévales rebute parfois la sensibilité moderne. On y trouve cependant de véritables trésors qui continuent de nous toucher, de nous aider à connaître l'âme humaine et de nous enrichir intérieurement. De nous amuser aussi…

La jeune fille au livre

Le Moyen Âge central voit la naissance de la lecture silencieuse, élargissant l'espace intérieur de la conscience et de l'introspection. Pour la première fois, on lit pour soi. Encore rare, cette pratique inaugure néanmoins la métamorphose de la lecture, qui passera d'une expérience orale et collective à celle, silencieuse, de l'intimité. L'invention de l'imprimerie dans les années 1450 ne fera qu'accroître un phénomène antérieur. Dès le XIIe siècle, les copies de *codices* en papier augmentent. Composée à cette époque, *Belle Doette* – une « chanson de toile », rythmant les travaux de couture et de tissage auxquels s'adonnent souvent les femmes – raconte la nostalgie d'une amoureuse qui, assise à la fenêtre, « lit dans un livre, mais le cœur n'y est pas, car elle se souvient de son ami Doon, parti au loin courir les tournois[3] ». Le dénouement de l'histoire est tragique, puisque la nouvelle de l'accident mortel de son ami est apportée à la jeune fille. Pour se consoler, elle fonde un couvent pour les femmes accablées du chagrin d'amour.

Bien sûr, au Moyen Âge, la lecture individuelle ne porte pas tant sur la littérature de fiction que sur des ouvrages religieux, et notamment sur les livres d'heures contenant les psaumes qu'il convient de réciter dans la journée. Tandis que l'anonyme composait *Belle Doette*, Aliénor d'Aquitaine († 1204), reine d'Angleterre, se faisait représenter dans le gisant de sa future sépulture en train de lire ses prières. Elle créait ainsi le modèle de la femme au livre, fort répandu dans la sculpture des XIIIe-XVe siècles.

Cependant, la lecture individuelle d'ouvrages profanes reste exceptionnelle. La plupart des œuvres circulent oralement au point de rendre inexacte le terme de « littérature », parce que dérivé de « lettre écrite ». Le manuscrit est un objet sonore et la création médiévale reste, avant tout, une affaire de « voix »[4]. À l'époque, les écrivains, s'ils en sont, peuvent se passer largement d'écrire de leur propre main, alors qu'ils dictent leurs œuvres à des scribes. Ils ont une capacité d'improvisation ahurissante et une mémoire colossale, que nous a fait perdre, de façon paradoxale, l'usage de l'écrit, principal apport de l'histoire de l'humanité. L'un des passe-temps les plus prisés des veillées de la noblesse médiévale consiste à débattre en vers sur un sujet imposé devant un public attentif. On appelle ces joutes poétiques improvisées « jeu parti » ou *tenson*.

Au Moyen Âge, la voix véhicule l'écrit, contrairement à aujourd'hui où l'écrit véhicule la voix. Au cours de ses errances, Yvain, le chevalier au lion, imaginé par Chrétien de Troyes vers 1180, contemple la demoiselle du château de Pire Aventure en train de lire un roman à son père et à sa mère, accoudés et allongés sur des draps de soie, dans un verger. Et le romancier de commenter : « S'il l'avait vue, le dieu Amour serait devenu homme pour la servir[5]. » La scène, qui valorise la lectrice, est courante dans la fiction littéraire. Rien à voir avec les stéréotypes de la femme médiévale, interdite de culture, tout juste bonne aux tâches ménagères !

Même en petit comité, la lecture au verger de Pire Aventure reflète un véritable phénomène de société : la sociabilité aristocratique autour du livre lu à haute voix. Dans la salle d'apparat des châteaux et palais, après le dîner, principal repas de la journée, les serviteurs retirent les tables qu'on a « dressées » (l'expression actuelle vient de là) sur des tréteaux. Les conteurs, chanteurs et musiciens font alors leur entrée. La maisonnée – constituée du seigneur et son épouse, de leurs parents, de chevaliers, dames d'honneur et clercs – est à l'écoute.

Elle est prête à réagir, à intervenir et à glousser aussi, surtout quand les jongleurs et ménestrels se lancent dans des histoires croustillantes, souvent burlesques… Ils mêlent alors l'humour et le soufre, signe d'un Moyen Âge grivois, farceur et coquin, qu'on trouve dans les fabliaux, contes courts versifiés où le rire ne laisse pas de répit.

Le livre n'est jamais figé. Il évolue sans cesse, en toute liberté, car il appartient d'abord au lecteur (ou plutôt à son auditoire), et non à l'auteur. Le liseur ne se borne pas à réciter au pied de la lettre les pages qu'il tourne sous ses yeux, mais il les modifie, les complète et les commente à sa guise. Ses auditeurs peuvent l'interrompre. Mieux, ils peuvent parfois intervenir dans les textes ! Ainsi, l'Allemand Hartmann von Aue ressuscite, dans son propre roman *Erec* (v. 1180), un membre de son public qui pense décrire mieux que lui la selle du palefroi d'Énide, épouse du protagoniste. Hartmann voudrait coller au livre de l'auteur de l'histoire, sans doute Chrétien de Troyes, qu'il est en train de « traduire » – en ancien français on dit plutôt *translater*, à savoir « transférer », tant les modifications du prétendu traducteur sont de taille. Mais son interlocuteur lui enjoint de se taire, puisqu'il peut deviner de lui-même la nature de la selle. Un dialogue savoureux s'ensuit. Comme tant d'autres, cet échange a dû se faire en vers, selon la rime et la métrique du roman. C'est l'importun qui commence :

> « — Elle était en bon bois et en fer. — Bien. Quoi d'autre ? — Couverte d'une couche d'or brillant. — Qui a pu bien te révéler un tel détail ? — Avec de solides courroies. — Tu as raison. — Et du beau tissu rouge de laine. — Tu me fais rire[6] ! »

Après la lecture publique, les discussions sont moins codifiées. Les romans sont construits selon la technique de « l'entrelacement », qu'utilisent encore les auteurs actuels de polars ou de séries télévisées. Ils relatent à la fois les différentes aventures de plusieurs protagonistes, qu'ils arrêtent au climax du suspens pour passer de l'une à l'autre. Chaque soir, dans la salle du banquet, la lecture se termine justement à ce point extrême de tension que la critique littéraire appelle l'« acmé ». Des discussions passionnées sur le déroulement ultérieur de l'histoire s'engagent alors dans le public. Elles portent aussi sur la psychologie des protagonistes, la moralité de leurs actes ou la convenance de leurs choix[7].

L'art de la conversation n'a certainement pas attendu les salons du XVIIIe siècle et ses égéries : il fleurit dès le Moyen Âge ! Il en va de même avec la « distanciation » (*Verfremdungseffekt*), par laquelle, en émules de Bertolt Brecht (1898-1956), les dramaturges de l'après-1968 croyaient innover, tandis qu'ils impliquaient davantage le public dans leur théâtre. De fait, en interpellant les spectateurs, en se mêlant à eux ou en évoquant leurs problèmes quotidiens, les acteurs les plus progressistes ne font aujourd'hui que revivre le jeu médiéval. La créativité des auteurs du Moyen Âge n'a rien à envier à l'avant-gardisme culturel…

Les matières de France, de Rome et de Bretagne

Le répertoire interprété dans les veillées aristocratiques est vaste. *Flamenca*, un roman du XIIIe siècle, donne une liste interminable des œuvres que les jongleurs peuvent réciter ou chanter alors dans l'occitan auvergnat de l'auteur anonyme. Ils s'aident d'une douzaine d'instruments. Les protagonistes de leurs histoires appartiennent à la Bible (Goliath et David, Samson et Dalila, Juda Maccabée), à la mythologie grecque (Pâris et Hélène, Hector et Achille, Ulysse, Jason, Narcisse, Orphée, Dédale et Icare), à l'histoire ancienne (Alexandre le Grand, Jules César), aux romans de la Table ronde (Gauvain, Lancelot, Perceval, Tristan, Merlin), aux temps mérovingiens et carolingiens (Clovis, Pépin, Charlemagne) ou aux croisades (le Vieux de la montagne et ses assassins)[8]. L'original de bien des récits de l'énumération de *Flamenca* est grec ou latin. Les « romans » médiévaux l'ont traduit et adapté dans la langue qu'ils parlent tous les jours, en l'occurrence une langue « romane », issue du latin des « Romains ».

Au début de sa *Chanson des Saxons*, Jean Bodel (v. 1165-1210), un trouvère d'Arras, propose un classement en trois grandes thématiques de la littérature de son temps : « Ne sont que trois matières à nul homme entendant, / de France, de Bretagne et de Rome la "grand"[9]. » Par matière de Rome, Jean entend la mythologie antique, dont les histoires, nous venons de le voir, sont énumérées dans *Flamenca*. Celle de France concerne les chansons de geste (*gesta*, en latin, signifie « hauts faits »), longs poèmes narratifs de nature épique. La plupart d'entre eux sont composés en vers décasyllabes (en dix pieds) assonants (finissant par la même voyelle, mais sans rime au sens propre), regroupés en laisses (strophes de longueur irrégulière chantées d'un seul élan). Les principaux cycles de l'épopée sont les gestes du roi, relatifs à Charlemagne et à son neveu Roland, de la révolte, traitant de barons qui, à l'imitation de Doon de Mayence, Ogier le Danois ou Bernier, prennent les armes contre leur seigneur, de Guillaume d'Orange, combattant infatigable des sarrasins dans le sud de la France, et de croisade.

La plus ancienne version de la *Chanson de Roland*, premier monument de la littérature française, a été composée vers 1100. À son instar, l'épopée insiste lourdement sur les combats et leur violence. Elle propose néanmoins un droit de la guerre avant la lettre, prônant un certain respect de l'ennemi. Parmi ces lois coutumières, le chevalier n'attaque pas le piéton, adversaire roturier, mal armé et indigne de lui ; il lance un défi préalable à toute agression ; il n'use pas d'arme de jet qui, blessant de loin, détonne de l'aristocratique corps à corps ; il ne s'acharne pas sur l'adversaire blessé, désarmé ou en fuite... Les poètes esquissent ainsi une éthique au combat. Il n'a pas fallu attendre les conventions de Genève pour que les guerriers médiévaux respectent ce qu'ils appellent le « droit des gens » !

Le roi Arthur et la Table ronde

L'esprit chevaleresque est bien plus présent dans les romans du roi Arthur et de la Table ronde – la « matière de Bretagne » de la classification de Jean Bodel[10]. Depuis des temps immémoriaux, les bardes celtiques diffusent des récits et mythes, en Grande-Bretagne d'abord, puis sur le continent. Leur protagoniste est le roi Arthur, qui lutte contre l'invasion anglo-saxonne de l'île. En 1137, dans son *Histoire des rois de Bretagne*, Geoffroi de Monmouth adapte cette « matière » en latin, la rendant compréhensible de tout Européen cultivé. Ce clerc d'Oxford aime son pays de Galles natal, où la langue et la culture bretonne ont résisté aux Anglo-Saxons et aux Normands venus de France. En 1155, une quinzaine d'années après sa parution, son *Histoire* est adaptée en français par Wace qui décrit, pour la première fois, la Table ronde où les chevaliers du roi siègent sans préséance, en toute égalité.

Geoffroi et Wace inspirent de nombreux romanciers, à commencer par Chrétien de Troyes, chanoine de son état, le plus brillant d'entre eux. Dans les années 1170-1190, ses livres précurseurs transforment le merveilleux de la mythologie celtique en réalisme magique. Des chevaliers, dont la vie quotidienne et les mœurs reflètent fidèlement le XIIe siècle, affrontent des géants puissants, des nains rusés et pervers ou des sorcières hideuses. Ils fréquentent poliment des demoiselles féeriques, qui leur offrent des anneaux d'invisibilité ou des onguents guérissant leurs blessures. Sensible à l'amour courtois – une nouvelle façon, fort sophistiquée, d'envisager les relations entre les hommes et les femmes –, le romancier s'adonne à une fine introspection psychologique grâce au monologue intérieur des héros et héroïnes.

Dans son dernier roman, le *Conte du Graal*, Chrétien de Troyes a une idée de génie, dont le mystère irradie encore dans notre culture : il christianise le mythe païen du chaudron de l'abondance, qu'il transforme en vase d'or et pierres précieuses, dégageant une lumière prodigieuse et portant l'hostie eucharistique. Le chevalier Perceval le voit passer en cortège à la table d'un roi perclus, dont le château s'évanouit le lendemain sans laisser de trace. Il commence alors sa quête inlassable. Au début du XIIIe siècle, Robert de Boron, un chevalier croisé, affirme que le Graal avait servi à l'institution de l'eucharistie à la Cène, puis avait recueilli le sang du Christ en croix ; les premiers chrétiens l'avaient ensuite apporté en Grande-Bretagne où sa quête devait se poursuivre. D'autres continuateurs de Chrétien adaptent cette histoire à leur manière. Ils utilisent, comme leurs prédécesseurs, le vers octosyllabique pour que leur œuvre soit interprétée en public.

Entre 1225 et 1240, le long cycle du *Lancelot-Graal* en cinq livres, promis à une large diffusion, fait la synthèse de tous les romans arthuriens précédents. Il relate par le menu les aventures des chevaliers de la Table ronde depuis la crucifixion du Christ jusqu'à la mort d'Arthur. Sa nouveauté est d'être entièrement rédigé en prose, synonyme d'écriture, de méditation, de vraisemblance, de gravité et de sérieux par opposition au vers qu'on tient alors pour plus oral, superficiel, fictif, mondain et gai. Ainsi « dérimés », les récits du Graal se rapprochent de l'histoire sainte, de la glose de l'Évangile ou de l'hagiographie, alors en prose.

La prétention du prosateur est d'investir le champ religieux, historique et didactique. L'un de ces cinq romans, la *Quête du saint Graal*, est écrit par un jongleur proche des moines cisterciens, qui cléricalise à outrance la légende arthurienne. Il préconise une chevalerie célestielle, composée de Galaad, Perceval, Bohort et d'autres combattants si proches de Dieu qu'ils décident d'abandonner la guerre pour s'adonner en ermites à la contemplation des vérités éternelles. Ces romans devraient pousser leur lecteur à la conversion[11]. Ils apprennent également au chevalier à obéir au roi, à respecter le vaincu et à s'adresser aux dames. Loin des idées reçues, les romans médiévaux n'incitent pas nécessairement à la violence !

Un rapide aperçu de la littérature médiévale ne peut que refléter la partie émergée d'un iceberg de langues, genres, thématiques ou techniques explorés par les auteurs de la période. Ils ont aussi bien rédigé les traités de morale ou les élégies funéraires les plus graves que les fabliaux les plus grivois. Pourvu qu'il s'engage avec tant soit peu d'intérêt dans un monde si différent du sien, le lecteur contemporain y trouve toujours son compte.

Les écrivains de la Renaissance ont eu le beau rôle de ridiculiser leurs prédécesseurs pour mieux se mettre en valeur. Dans sa gouaille, Rabelais se moque des géants et fées de la matière de Bretagne tout au long de son *Pantagruel* (1532), où il envoie Lancelot, « équarrisseur de chevaux morts », et les autres chevaliers de la Table ronde, « pauvres gagne-deniers », sur un lac de l'enfer où ils rament au service de quelques diablotins guillerets[12]. Dans *Le Cinquiesme livre* (1564), il parodie le Graal en « dive bouteille », que tout ivrogne se doit de quêter goulûment[13]. Pour son plus grave contemporain, Montaigne (1533-1592), le roman de chevalerie appartient « à tel fatras de livres à quoi l'enfance s'amuse[14] ». Nous savons que Cervantès n'est pas en reste. Excessifs, ces jugements à l'emporte-pièce traduisent un dégoût pour la littérature médiévale que la fiction redécouvre, à partir de Tolkien, dans la *fantasy* et dans d'autres genres à succès, qui font le bonheur de nos contemporains.

4.

Le Moyen Âge aime la violence et le sang

L'écran sature d'hémoglobine. De tous côtés, le sang dégouline : des blessures affreuses, des corps empalés, des cadavres mutilés. Les épées et les haches assènent des coups brutaux à une cadence infernale. Lancés par des catapultes géantes, des rocs mal équarris pleuvent. Les blessés râlent ; ils sont achevés à la pointe du glaive. Dans le village d'à côté, tout n'est que viol, torture, pillage et incendie. Rien d'exceptionnel… C'est juste une bataille médiévale dans un film du début du XXIe siècle !

L'imagination des metteurs en scène et producteurs cinématographiques résiste-t-elle aux témoignages de première main venus du Moyen Âge ? En 1119, le Normand Orderic Vital donne une tout autre version de la bataille médiévale avec son récit de l'affrontement entre Louis VI de France et Henri Ier d'Angleterre à Brémule, dans le Vexin normand, à environ cent cinquante kilomètres de son monastère de Saint-Évroult :

> « J'ai appris que seuls trois des quelque neuf cents chevaliers participant à la bataille des deux rois furent tués. Ils étaient revêtus de fer et ils s'épargnaient les uns les autres, soit par crainte de Dieu, soit par camaraderie d'armes. Plutôt que de trucider les fuyards, ils s'efforçaient de les capturer. En combattants chrétiens, ils n'étaient pas assoiffés du sang de leurs frères[1]. »

Une dizaine d'années plus tard, en Flandre, Galbert, clerc à Bruges, raconte la guerre civile qui a suivi l'assassinat, en 1127, de son seigneur, le comte Charles le Bon : sur un millier de combattants, seuls cinq sont tués[2].

Le contraste entre le gore cinématographique et le témoignage des deux auteurs du XIIe siècle est saisissant. Du reste, chaque soir, les actualités ne déversent-elles pas sur nos téléviseurs bien plus de cadavres qu'il n'y en a jamais eu sur les champs de bataille du temps d'Orderic Vital ou de Galbert de Bruges ?

Du combattant germanique au chevalier

Autour de 1120, les luttes entre chevaliers français, normands ou flamands sont assurément moins meurtrières qu'entre peuples germaniques des ve-viie siècles ou entre armées ennemies de la guerre de Cent Ans. Rappelons encore qu'il existe non pas un, mais au moins trois Moyens Âges : Haut, Central et tardif.

La première période est celle des invasions dites – de façon trop péjorative et xénophobe pour être exacte – « barbares ». Les mouvements massifs de populations nomades vers l'Empire romain ont certes existé. Pourtant, ils ont été moins décisifs que les coups d'État ou les putschs sécessionnistes des troupes germaniques auxquelles les autorités romaines ont confié la défense de l'Empire.

Le 20 juin 451, la bataille des champs Catalauniques, près de Châlons-en-Champagne, où le général Ætius et ses alliés germaniques et bretons arrêtent les Huns, a été des plus sanglantes, du moins si l'on en croit les historiens latins, toujours prompts à salir l'image d'Attila[3]. Aussi élevé soit-il, le nombre des tués n'atteindra jamais celui des deux autres batailles, toutes proches, de la Marne en 1914 et en 1918.

Au cours des siècles qui suivent la chute de Rome, la violence des combats diminue. Le 25 juin 841, victorieux à Fontenoy-en-Puisaye, Charles le Chauve et son demi-frère Louis le Germanique décident d'agir envers les vaincus « selon la miséricorde de Dieu ». L'expression sort de la plume de leur cousin Nithard qui vient alors de commander une aile de leur armée et qui constate « le carnage ». À le suivre cependant, les membres de sa troupe soignent tous les blessés et ils enterrent tous les morts, qu'ils soient amis ou ennemis. Ils pardonnent aux captifs et aux fuyards, car ils considèrent que le jugement divin les a suffisamment punis. Enfin, les évêques présents demandent à tous ceux qui se seraient battus « à bon escient par colère, haine, vaine gloire ou quelque autre vice » de se confesser et de faire pénitence[4].

Au soir de la bataille de Fontenoy, la christianisation est à l'œuvre. Un siècle plus tard, elle se manifeste encore dans le mouvement de la paix et de la trêve de Dieu par lequel les autorités ecclésiastiques menacent d'excommunication les guerriers qui agressent les non-combattants ou qui se battent les jours les plus sacrés du calendrier liturgique. Devant une foule rassemblée, les hommes de guerre jurent alors sur les reliques des saints de ne plus verser inutilement le sang de leur prochain. La peur des peines infernales qu'ils auraient pu encourir en cas de parjure a assurément évité bien des violences.

Au lendemain de l'an mil, les techniques de combat évoluent. Désormais, lourdement protégés par la cotte de mailles, le casque et le bouclier, les cavaliers fixent leur lance sous l'aisselle ; calés sur l'arçon de leur selle, le pied à l'étrier, ils chargent à bride abattue leur ennemi. La guerre devient l'affaire exclusive des seuls chevaliers de la noblesse, qui peuvent payer les armes, l'équipement et les montures et s'entraîner de façon assidue. L'exclusion des roturiers des champs de bataille accroît la solidarité entre les combattants. Les adversaires se respectent davantage car ils appartiennent au même milieu nobiliaire, et souvent à la même parenté. Les prisonniers sont libérés moyennant rançon[5].

L'action de l'Église accompagne cette évolution, tandis qu'elle restreint le cadre où il est permis d'exercer la violence armée. Les clercs conseillent aux chevaliers de ne guerroyer qu'en service commandé du prince, de faire régner l'ordre, de protéger les faibles, d'éviter de se battre entre chrétiens, de ne pas céder à la cruauté et de participer à la croisade[6]. Ils disposent de peines canoniques, notamment l'excommunication, qui font parfois plier les fauteurs de troubles. La chevalerie devient ainsi une éthique guerrière imprégnée de valeurs chrétiennes.

L'idéal chevaleresque explique le faible nombre de victimes, autour de 1120, à la bataille de Brémule ou à la guerre de succession de Flandre. Il réfute toute idée reçue d'un Moyen Âge violent. Ne devrait-il pas servir d'exemple à nos stratèges contemporains, si enclins à utiliser des armes de destruction massive, y compris contre des civils ?

Les meurtriers aux XIVe-XVe siècles

À la fin du Moyen Âge, les batailles deviennent bien plus meurtrières que par le passé. La guerre de Cent Ans ne fait pas de quartier[7]. À Courtrai (1302), un millier de chevaliers français sont désarçonnés par les piétons des milices communales flamandes qui les achèvent à la pique ou à la dague. À Crécy (1346) et à Poitiers (1356), les archers gallois fauchent la fine fleur de la noblesse française. À Azincourt (1415), plus de cinq mille chevaliers, empêtrés dans une armure trop lourde, sont tués par les gens à pied d'Henri V d'Angleterre. Environ la moitié des vaincus périssent dans ces batailles. Ces massacres découlent souvent de la haine de classe entre les nobles montés et les piétons plébéiens, aussi bien mercenaires soldés que bourgeois des villes. Ils s'expliquent aussi par un sentiment national naissant qui atteindra son paroxysme aux XIXe et XXe siècles.

Les raisons des nouveaux carnages sont multiples. Contrairement aux pratiques de la chevalerie des siècles précédents, les milices communales, au sein desquelles les fantassins roturiers jouent un rôle grandissant, pratiquent une guerre sans merci. Les pièges tendus par les piétons font périr maints guerriers à cheval ; les traits de l'arc long tuent les montures, rendant leurs cavaliers plus vulnérables. Ces archers font leur apparition durant les campagnes d'Édouard III en Écosse, lui procurant les victoires de Dupplin Moor (1332) et de Halidon Hill (1333), pour se répandre ensuite sur le continent. Aussi efficaces sont les arbalétriers génois[8]. L'utilisation systématique des flèches et carreaux accroît le nombre des victimes sur le champ de bataille.

Rendue possible par la fonte du métal et par l'avènement de la poudre, l'artillerie vient augmenter la mortalité militaire. Elle écourte les sièges et facilite l'assaut de forteresses qu'on croyait imprenables[9]. Canons portables et couleuvrines se diffusent en rase campagne depuis la bataille de Crécy[10]. Aussi perfectionnée soit-elle en comparaison de la cotte de mailles, l'armure de plates, composées de plaques métalliques, ne rend plus le chevalier invulnérable.

Crimes et châtiments

L'exagération de la violence « moyenâgeuse » tient aux intellectuels médiévaux eux-mêmes. Pour mieux la contrer, les clercs en ont grossi le trait dans leurs prêches. Ils en ont fait le péché professionnel des chevaliers « bouffis d'orgueil », coléreux et irascibles, que les prédicateurs n'hésitent pas à traiter de « bourreaux du diable » à cause de leurs débordements[11]. Selon le jeu de mots de Bernard de Clairvaux, leur *militia* (« chevalerie ») ne devient-elle pas trop souvent *malitia* (« méchanceté »)[12] ?

Un siècle après Bernard, Humbert de Romans († 1277), maître général des dominicains, s'essaie, comme lui, à la lexicographie. Il fait dériver le mot « voler *(rober* en ancien français*)* de *robes,* par lequel les seigneurs désignent élégamment leurs vêtements nobiliaires ». Il poursuit :

> « Leurs châteaux ont été bâtis pour que les miséreux trouvent un refuge au temps des persécutions, mais ils sont devenus, hélas, un refuge de voleurs et prédateurs [...]. C'est à partir de ces forteresses qu'ils attaquent les églises, les monastères, les hôpitaux et les sanctuaires, tout comme le feraient des sarrasins[13]. »

Aux sermons, il faut ajouter les miracles de punition des saints qui terrassent les chevaliers agressifs ou qui les frappent de cécité et des pires maladies.

En l'absence de statistiques, il est impossible de mesurer la portée de la criminalité médiévale à l'aune de la nôtre. Tout au plus savons-nous qu'à l'époque on punit avec une rigueur particulière le vol, surtout à main armée et en bande organisée. L'homicide – différent du crime crapuleux – peut être pardonné pourvu qu'il provienne de la légitime défense d'un patrimoine et, encore plus, de biens immatériels et symboliques.

Les hommes et les femmes du Moyen Âge tiennent l'honneur pour essentiel. Ils exigent du « respect », mot dérivant du latin *respicere*, « regarder » : ils souhaitent donner aux autres une image positive. S'ils sont enclins à la rixe, c'est trop souvent pour laver dans le sang une atteinte à leur renommée. Ils ne supportent donc pas l'insulte ou la calomnie qui pourrait entacher à jamais leur groupe de parenté[14]. Le viol et le rapt sont réprimés pour la même raison, car les femmes portent en elles la réputation de la famille. Le coupable peut cependant s'en tirer s'il épouse la jeune fille outragée ou s'il lui verse le montant de la dot pour un autre mariage[15]. La défense de l'honneur entraîne, génération après génération, des cycles vindicatoires, que la société tente d'arrêter avec les faibles moyens dont elle dispose alors.

En attendant un système judiciaire efficace et étendu, les conflits se règlent de façon privée. La partie lésée exige réparation du préjudice. Par exemple, les parents d'un homme blessé demandent à son agresseur une indemnisation pécuniaire ; en contrepartie, ils ne chercheront plus à se venger. Dans les royaumes germaniques du Haut Moyen Âge, le mot *Wergeld* désigne cette compensation matérielle qui arrête la vendetta entre deux familles.

Avant l'an mil, en l'absence de preuves, le présumé coupable doit être soumis au serment purgatoire, qu'il prête parfois sur le cadavre de la victime ; il prononce alors des formules terrifiantes qui lui vaudront les pires châtiments s'il se parjure. On peut, de même, avoir recours à l'ordalie du feu – l'inculpé est brûlé au fer rouge et on déduit sa culpabilité ou son innocence selon la cicatrisation de la blessure – ou de l'eau – jeté dans un lac ou une rivière, il plonge pour preuve de son innocence. De tout temps, l'épiscopat condamne ce « jugement de Dieu », qu'il tient pour blasphématoire car exigeant une intervention directe de la Providence. L'ordalie tend à disparaître à partir du IXe siècle. Elle est différente du duel judiciaire où l'inculpé ou son champion défend son innocence par les armes en champ clos.

Plus en accord avec nos valeurs contemporaines, d'autres méthodes permettent de régler les conflits. Si les négociations n'aboutissent pas à un accord, les parties adverses choisissent ensemble des arbitres parmi leurs connaissances ou parmi les notables locaux qui statueront à leur place. Progressivement, un maillage plus serré de tribunaux assure la justice et l'ordre. Ils peuvent dépendre des seigneurs, voire des communes urbaines ou villageoises.

À partir du XIIIe siècle, la royauté tend à prendre le relais. Ses juges se réservent les crimes ayant entraîné l'effusion de sang. Ils grignotent progressivement les prérogatives des autres tribunaux. Pour l'exemple, ils appliquent des peines afflictives et infamantes en public, qui vont de la mutilation à des exécutions sous la torture. En l'absence de casier judiciaire, l'essorillement des voleurs protège, pense-t-on, la société car ces coupables sans oreilles sont repérés au premier coup d'œil[16]. Exceptionnelle jusqu'alors, la peine capitale devient plus courante. Sa diffusion est un outil de plus de l'affirmation royale[17].

À la fin du Moyen Âge, l'exécution des peines devient de plus en plus spectaculaire. Cette mise en scène accompagne la construction de l'État qui revendique pour lui-même, selon l'heureuse formule de Max Weber, « le monopole de la violence physique légitime[18] ». C'est pourquoi la théâtralisation de l'exécution, les mutilations pénales et la torture pour arracher des aveux se répandent surtout du XVe au XVIIe siècle. L'Époque moderne renforce la monarchie jusqu'à l'absolutisme et, en parallèle, l'institution judiciaire. Le système répressif gagne alors en efficacité, mais en cruauté aussi. Les fruits de la croissance étatique sont parfois amers. Il a fallu attendre les années 1930 pour qu'on arrête, en Europe, les exécutions publiques et le dernier quart du XXe siècle pour que soit abolie, partout sur notre continent, la peine capitale.

La violence est inhérente à toute société humaine. Certaines méthodes, par lesquelles le Moyen Âge a cherché à instaurer la justice, l'ordre et la paix, rebutent notre conscience contemporaine. Aussi injustifiables soient-elles, elles doivent être replacées dans leur contexte. En l'absence d'un État fort et d'une véritable structure judiciaire, les hommes et les femmes du Moyen Âge ont tenté de résister, tout comme nous, aux atteintes aux personnes et aux biens. Pour la plupart, ils vivaient dans de petites communautés villageoises où le contrôle social, fort étroit, empêchait par lui-même bien des transgressions à la loi et à la coutume. Ils ont perdu en liberté individuelle ce qu'ils ont gagné en sécurité. Sur ce point précis, leur situation diffère-t-elle beaucoup de la nôtre ? En termes de cruauté, et de pertes humaines, leurs guerres n'ont rien, non plus, à envier aux nôtres…

5.

Le Moyen Âge n'a rien inventé

Le *topos* est coriace. Tout au long du Moyen Âge, le savoir technique stagnerait et même reculerait. Triste parenthèse en attendant les incroyables découvertes physiques, astronomiques et médicales de la Renaissance qui ont tant apporté à l'humanité… Au XVIe siècle, après une hibernation millénaire, la connaissance humaine se serait enfin éveillée d'une longue léthargie de conservatisme abrutissant. Depuis, dit-on, elle est à l'origine d'un progrès infini dont nous profiterions encore !

De tels stéréotypes sont encore trop souvent répandus. Pourtant, ils ne résistent pas à un examen rigoureux de la documentation et des vestiges archéologiques. Certes, l'Époque moderne a beaucoup accompli, mais en tant qu'héritière des avancées médiévales. À partir des années 1500, des génies comme Copernic, Galilée, Léonard ou Servet n'émergent pas spontanément ; ils descendent bien d'une longue lignée d'ancêtres scientifiques. Ils héritent d'un savoir-faire technique et de méthodes expérimentales, accumulés au cours du Moyen Âge.

L'agriculture en expansion

Depuis les années 1960, les chantiers archéologiques sur des sites médiévaux se sont ouverts partout en Europe, alors qu'ils étaient auparavant réservés à la Préhistoire et à l'Antiquité. L'archéologie s'est, en outre, enrichie de nouvelles techniques : photographie aérienne, outils de détection, dendrochronologie, carpologie qui étudie les graines, palynologie ou analyse des pollens fossiles, anthracologie examinant les charbons de bois…

Désormais, les archives du sol complètent la lecture traditionnelle des textes, parmi lesquels figurent les traités d'agronomie rédigés au Moyen Âge. Une nouvelle image des campagnes médiévales et de leurs habitants se précise. Elle bat en brèche le stéréotype du paysan famélique, bossu, édenté et en haillons que véhicule trop souvent la culture populaire contemporaine. En réalité, cette honteuse misère est une chimère !

Dès le IXe siècle, la forêt commence à reculer au profit des champs labourés. De plus en plus d'arbres sont abattus à l'aide de la cognée et incidemment de la scie ; ils sont dessouchés par un attelage de bœufs. Dans un premier temps, l'initiative de ces déboisements est individuelle : quelques paysans agrandissent de plusieurs encablures leurs terres au détriment des taillis et des bois.

À partir de 1150, les défrichements deviennent une entreprise collective, encouragée par les rois, seigneurs, évêques ou abbés, qui disposent des capitaux nécessaires pour se procurer des forêts, pour acheter du matériau et pour attirer des travailleurs ou « hôtes », qu'ils installent sur un lopin de terre moyennant un cens ou loyer annuel[1]. Ils créent de nouveaux villages, dont le nom, remontant aux XIIe et XIIIe siècles, traduit ces conquêtes agraires : Villeneuve, Castelnau, Essart (du latin *exsarire,* « déboiser »), Abatis (signifiant « abattre des arbres »), Arsis (d'*ardere,* « brûler ou pratiquer l'écobuage au détriment de la forêt »)... En Flandre, dans la vallée du Pô ou sur le littoral du Languedoc, les polders – mot apparu justement au milieu du XIIe siècle pour désigner l'endiguement de la mer au profit de nouveaux champs – et les marais asséchés élargissent l'espace agricole[2].

Au cours de la seconde moitié du XIIIe siècle, le mouvement des défrichements s'essouffle, même si quelques familles bâtissent encore des fermes et hameaux isolés et rendent cultivables des terres peu hospitalières. Autour de 1300, en Occident, les emblavures atteignent une superficie jamais égalée, si ce n'est à l'époque la plus florissante de l'Empire romain ou à la veille de l'industrialisation et de l'exode rural au XIXe siècle.

L'idée d'un Moyen Âge peuplé de paysans paresseux, vivant chichement de cueillette et d'élevage au milieu de clairières éparses, est donc totalement erronée. Leur travail est à l'origine de l'une des périodes les plus spectaculaires de maîtrise de la nature et d'élargissement de l'espace cultivé.

Tandis que la superficie des terres vouées à l'agriculture augmente, de nouvelles techniques apportent un gain notable de productivité. Dans le nord de l'Europe, la charrue est dotée d'un déversoir retournant la terre, l'aérant et créant des sillons. Les paysans méditerranéens, eux, continuent de lui préférer le plus léger araire, mieux adapté aux sols calcaires et aux pentes où de nombreuses terrasses sont aménagées. Le collier d'épaule et l'attelage en file améliorent la traction animale : les labours, jusqu'à quatre dans l'année, sont davantage réalisés avec des chevaux, plus rapides que les bœufs.

L'assolement biennal – qui laissait jadis reposer la moitié de la terre une année sur deux afin qu'elle se régénère – est largement dépassé. Désormais, les champs sont divisés en trois sols, un seul d'entre eux étant réservé à la jachère ; les deux autres sont ensemencés de blés d'hiver (froment, seigle) pour l'une et de printemps (avoine, orge) pour l'autre. Certains exploitants, comme Thierry de Hérisson en Artois vers 1300, plantent même sur la première terre en friches des fourrages pour leurs bêtes ou des légumineuses, vesces et pois, qui redonnent de l'azote au sol[3]. En définitive, les champs rendent bien davantage que par le passé.

Omniprésence du forgeron

Les défrichements sont accompagnés de la diffusion de la métallurgie dans les campagnes. La plupart des villages médiévaux se dotent d'une forge, qui augmente et qui perfectionne l'outillage agricole. Pour gagner de nouvelles terres et pour les exploiter, les haches, cognées et scies sont à la portée de la plupart des paysans. D'autres outils en fer améliorent leur travail et leur vie quotidienne.

Le film *On connaît la chanson* (Alain Resnais, 1997) a, avec humour, rendu célèbre le lac de Paladru et ses chevaliers-paysans devenus le sujet de la thèse de doctorat, mais aussi des affres, d'une médiéviste dépressive. En l'occurrence, la recherche moquée n'est nullement fictive ! L'archéologie subaquatique a révélé à Colletière (Charavines, Dauphiné) un village abandonné en 1040 par la montée rapide des eaux du lac de Paladru. Elle a mis au jour de nombreux objets en fer qui auraient rouillé et disparu sous terre : faucilles, bêches, mais aussi clefs, cuillers, hameçons et jusqu'à 2 500 clous de fer à cheval[4]. Bel exemple de la propagation de la métallurgie dans un village type de l'an mil !

Avec la diffusion de la forge, d'autres innovations élèvent le niveau et la qualité de vie des paysans. Leurs demeures commencent à être réalisées en pierre avec parfois une cheminée. Les tuiles remplacent l'inflammable chaume du toit. La chambre à coucher se sépare de la cuisine, créant des espaces plus intimes à l'intérieur de la maison. Les plus riches des paysans construisent plusieurs corps de ferme autour d'une cour carrée : habitation, étable, grange, four[5]... Enfin, dans les maisons rurales, les métiers à tisser se répandent – pour l'usage privé certes, mais aussi pour la vente sur les marchés urbains. Dans les campagnes, les hommes et les femmes sont mieux vêtus que par le passé. Ils entretiennent des relations suivies avec les villes.

L'essor agricole européen des IXe-XIIIe siècles n'est pas seulement dû à l'ingéniosité et à l'esprit de travail de la paysannerie. Il est rendu possible par un réchauffement général de quelques degrés, qui rend les hivers moins humides et les étés secs. Cependant, au XIVe siècle, ce cycle climatique se termine, provoquant les disettes à répétition et la catastrophe démographique qui s'ensuit. En attendant, la population s'accroît de façon considérable. Nous savons que l'Angleterre, où la documentation statistique est exceptionnellement riche, comptait deux millions d'habitants en 1086 et six vers 1300. Ce triplement pourrait être extrapolé au reste de l'Occident. Beaucoup d'hommes, de femmes et de richesses partent alors de la campagne pour les villes en pleine croissance, devenues des centres d'innovation. La réflexion menée dans leurs écoles et universités accompagne les progrès techniques.

Philosophie aristotélicienne et empirisme

On pourrait penser que le christianisme ne voit pas d'un bon œil le travail manuel, méprisé par les élites païennes de l'Antiquité. Au contraire, issu du judaïsme, il lui accorde une place nouvelle. Sur ce point, son influence se fait sentir au Moyen Âge. Saint Benoît résume sa règle monastique en une devise : *ora et labora*, « prie et travaille ».

Après l'an mil, le développement urbain correspond à celui de l'artisanat et du commerce, qui pousse les intellectuels des villes à valoriser ces activités. Hugues (1096-1141), responsable de la prestigieuse école parisienne de Saint-Victor, propose un nouveau classement des sciences. Il conserve certes le *trivium*, cher aux Romains (voir chap. 9, p. 143), dont il appelle cependant « logiques » les trois savoirs : grammaire, rhétorique et dialectique. De façon similaire, il englobe le *quadrivium*, devenu « mathématique », dans les sciences théoriques, qui comprennent la théologie, mais aussi la physique – autre innovation. Il ajoute enfin deux autres types de savoirs : pratiques ou moraux, d'une part, et mécaniques, de l'autre[6]. La classification d'Hugues de Saint-Victor tient compte de l'évolution générale de la science et du travail. Pour la première fois dans l'histoire, elle met en valeur les techniques.

Les idées philosophiques changent en même temps que la société et sa conception du travail. À partir du XIIe siècle, l'Occident reçoit l'ensemble de l'œuvre d'Aristote. À Tolède et dans le sud de l'Italie, des équipes de traducteurs la font passer alors de l'arabe, langue dans laquelle elle avait été déjà traduite depuis des siècles, en latin. Outre l'ensemble de sa *Logique*, les intellectuels disposent désormais de ses *Physique* et *Métaphysique*. Les philosophes arabes Avicenne et Averroès sont également traduits, tout comme le médecin et alchimiste al-Razi. L'avènement de l'aristotélisme et de ses commentaires orientaux dans les universités européennes relègue au passé le platonisme augustinien. Le réalisme succède ainsi à l'idéalisme.

Véritable révolution intellectuelle, la réception d'Aristote favorise l'innovation technique. Elle apporte une vision plus positive de la matière et du travail de l'homme. Le philosophe quitte un peu l'univers éthéré de l'esprit et des idées platoniciennes pour s'intéresser davantage au monde qui l'entoure. Peinte en 1510 au Vatican, une célèbre fresque de Raphaël montre Platon et Aristote en plein débat péripatéticien. Du doigt, le premier montre le ciel ; le second étend sa main sur la terre. Sa prise en compte des réalités matérielles marque la pensée de la fin du Moyen Âge.

Le dominicain Thomas d'Aquin (1225-1274) intègre la nouvelle philosophie aristotélicienne dans son immense *Somme théologique* dont l'influence est considérable[7]. Ses contemporains, les franciscains Robert Grosseteste et Roger Bacon, défendent à Oxford une approche expérimentale des phénomènes naturels. Dans son *Opus majus* (1268), Roger Bacon théorise sur l'agrandissement des lettres à l'aide de verres lenticulaires ; une vingtaine d'années plus tard, en Toscane, on fabrique des lunettes au sens propre, enchâssant deux verres sur une monture en bois[8]. La presbytie est ainsi corrigée et les savants allongent les années qu'ils peuvent consacrer à l'étude. Pragmatique, la pensée aristotélicienne prépare les esprits à une science plus concrète et empirique qui aboutira à bien d'autres inventions.

Du moulin au médecin

Contrairement à l'idée reçue, d'importantes avancées technologiques ont lieu au Moyen Âge. Sans elles, la construction des spectaculaires cathédrales gothiques aurait été impensable. Au lendemain de l'an mil, les moulins se répandent partout en Occident au prix de lourds investissements financiers assumés par les seigneurs[9]. Un système d'engrenages sophistiqué transforme la force verticale de la roue à aubes, placée au fil de l'eau, en mouvement horizontal actionnant la lourde meule tournante. La maîtrise de la force hydraulique et éolienne évite ainsi des tâches répétitives et épuisantes, que les Romains réservaient aux esclaves et aux animaux de trait[10].

Dès le début du XIVe siècle, les moulins permettent d'actionner les souffleries des hauts-fourneaux, qui atteignent les 1 300°C nécessaires à la fonte du fer, coulé dans des moules pour obtenir des pièces métalliques bien plus nombreuses, solides et perfectionnées que par le passé. La force hydraulique est également utilisée pour les marteaux de forge, qui éliminent avec efficacité les scories du fer. La sidérurgie connaît ainsi des progrès inouïs[11]. En la matière, le Moyen Âge n'est sûrement pas en retard.

Des docteurs et des mires, mais aussi quelques femmes médecins et de nombreuses sages-femmes soignent la population médiévale, nullement doloriste ou résignée devant la maladie comme le voudrait l'image d'Épinal. À partir du XIIe siècle, la médecine connaît des progrès notables, ne serait-ce que par la réception des traités arabes et persans, traduits en latin. Hildegarde (1098-1179), abbesse de Bingen, fait mettre par écrit de nombreuses recettes à partir de plantes ou simples et de minéraux, largement empruntées aux connaissances populaires cumulées au long des siècles[12]. Les recherches modernes parviennent à isoler les principes actifs de ces végétaux, accréditant ainsi leur ancienne utilisation empirique. Les médiévaux connaissent, par exemple, l'anesthésie, avec l'utilisation d'éponges soporifiques.

Au XIVe siècle, Henri de Mondeville, chirurgien du roi Philippe IV le Bel, s'insurge contre le traitement des plaies par suppuration, provoquée de façon systématique par l'application de terre, d'excréments d'animaux ou d'autres matières souillées. Il défend la suture des plaies en première intention, tout comme on la pratique aujourd'hui. Il propose un enseignement universitaire de l'anatomie et de la chirurgie, se dressant au passage contre les barbiers ignorants auxquels les médecins déléguaient jusqu'alors les opérations[13]. L'idée que l'Église médiévale empêche la dissection est fondée sur une lecture erronée de la bulle *Destestande feritatis* (1299) du pape Boniface VIII, qui interdit tout simplement qu'on dépèce les cadavres pour en placer les morceaux dans des sépultures différentes[14]. Même s'ils n'en comprennent pas toujours le fonctionnement, les médecins médiévaux ont une connaissance anatomique assez précise du corps humain.

La découverte de l'Amérique en 1492 et le premier tour du monde en 1522 ont été rendus possibles par les progrès maritimes du Moyen Âge. Les Grecs et les Romains pratiquaient principalement le cabotage, à la vue des côtes dont ils s'éloignaient à peine. Les médiévaux prennent davantage le large, grâce à de nouveaux instruments permettant de se repérer en mer. L'astrolabe les oriente avec précision à partir de l'étoile polaire et des constellations – venu du monde arabe, il apparaît pour la première fois en Europe dans la Catalogne de la fin du Xe siècle[15]. Deux siècles plus tard, autour de 1190, la boussole est décrite par l'encyclopédiste Alexandre Neckam[16], frère de lait de Richard Cœur de Lion, roi d'Angleterre. Des cartes-portulans vont alors se répandre, indiquant les ports, mais aussi les courants, les vents, les hauts-fonds ou les récifs[17].

La capacité des navires augmente : ronds et pontés, la galère méditerranéenne ou le *Kogge* atlantique permettent de transporter plus de cinq cents tonnes. Ils sont mieux manœuvrés à l'aide du gouvernail d'étambot, axial, doté d'un pivot et d'une barre, autre invention de la période. Ces nombreux progrès expliquent l'essor du commerce maritime à la fin du Moyen Âge et les grandes découvertes qui s'ensuivent.

La liste des inventions médiévales pourrait s'allonger encore. Elle va du bouton, qui fixe et serre les vêtements, jusqu'à la brouette, aux échecs et aux cartes à jouer. Idem pour l'artillerie, que la fonte du fer dans des hauts fourneaux et l'arrivée de la poudre noire d'Extrême-Orient ont rendue possible. Son développement au début de l'Époque moderne change la nature de la tactique et de la stratégie militaires. Le progrès technique est-il toujours un bienfait ? est-on en droit de se demander. Car l'apparition des premiers canons en Occident au début du XIVe siècle annonce les massacres de masse de l'époque contemporaine.

« Science sans conscience n'est que ruine de l'âme », affirme Rabelais. Son heureuse formule s'inspire largement d'un opuscule du XIIe siècle[18]. S'il est indéniable que les acquis techniques ont largement contribué au développement de l'humanité, leur usage en dehors de toute éthique ou perspective culturelle est hélas à l'origine d'Auschwitz, d'Hiroshima ou de nombreuses catastrophes écologiques.

À bien des égards, la place essentielle que les penseurs médiévaux accordaient aux sciences humaines, philosophiques et théologiques est exemplaire. Ces savoirs leur fournissaient les outils intellectuels permettant une réflexion éthique, indispensable à l'équilibre de toute société.

6.

Le Moyen Âge opprime et asservit

Au début de la Révolution française, la nuit du 4 août 1789, l'Assemblée nationale abolit le « régime féodal », expression floue regroupant tous les privilèges de la noblesse, la justice seigneuriale, les redevances foncières, les dîmes ecclésiastiques et l'état servile dans la paysannerie. D'une importance capitale, l'abolition du 4 août efface toute différence statutaire entre les personnes. Elle ouvre la France à la modernité juridique.

Le contexte des Lumières et de la Révolution explique l'élargissement du champ sémantique de « féodal » et de son dérivé ultérieur « féodalisme » pour désigner, de façon générique, le système qui régit toutes les relations sociales au Moyen Âge. Synonyme d'oppression seigneuriale, la connotation de ces mots devient négative. En dehors du cercle des médiévistes, elle renvoie à une société oppressive, où les paysans triment au profit de maîtres rentiers et méprisants qui les exploitent sans merci. D'après la conception marxiste de l'histoire, largement abandonnée de nos jours, le féodalisme s'épanouit dans un monde prétendument arriéré où prédomine l'agriculture au détriment de toute industrie, commerce ou finance. Il précéderait le capitalisme bourgeois, porteur de progrès, qui, au grand soir, devra aboutir à l'avènement heureux du communisme.

Une société hiérarchisée

Jusqu'à la Révolution française, une infime partie de la population (à peine 5 % des individus) jouit de « privilèges », qui lui permettent d'accaparer, génération après génération, le pouvoir, le savoir et la richesse. Le mot dérive de *privatæ leges*, « lois privées » concernant un seul groupe. Le statut de cette classe dominante nous rebute. En effet, la liberté et l'égalité sont des valeurs aujourd'hui universellement partagées. Elles nous font imaginer la société comme un amalgame d'individus seuls, dégagés de l'encadrement d'un groupe disposant d'un droit spécifique. Nous pouvons d'autant mieux nous passer du carcan contraignant de la parenté, de la corporation ou de la classe qu'un État fort et centralisé tend à assurer, à leur place, bien des services : sécurité physique, ravitaillement alimentaire, soins de santé, retraite des seniors, logement…

À l'opposé de l'individualisme contemporain, dans l'Antiquité, au Moyen Âge et à l'Époque moderne, les solidarités, les ordres et les communautés jouissent d'un prestige indéniable, que seuls quelques esprits forts remettent sporadiquement en cause. Si ces structures de sociabilité contraignent les individus, ceux-ci ne sauraient s'en passer. Elles comportent un sens poussé de l'ordonnancement, de la discipline et de l'obéissance. La notion de hiérarchie est inhérente à cette organisation sociale de type « holique », où l'individu n'existe pas en tant que tel, mais doit se noyer dans un ensemble. La société n'est alors pas tant un agglomérat d'individus dissociés qu'un enchevêtrement stratifié de corps intermédiaires. Cette pyramide de groupes est essentielle à la mentalité des médiévaux qui ne la remettent guère en cause[1].

Au Moyen Âge, les penseurs décrivent la hiérarchie sociale d'après des catégories qui remontent parfois jusqu'à la nuit des temps. Plongeant ses racines dans des mythes indo-européens, le tripartisme présente une classification fort simple : ceux qui prient, ceux qui font la guerre et ceux qui travaillent[2]. La Chrétienté lui préfère un schéma binaire, entériné par le droit canonique : ecclésiastiques et laïcs. Quelques intellectuels ont vite fait d'enrichir ces classements trop réducteurs. Par exemple, Rathier de Lobbes (v. 890-974), évêque de Vérone, compte jusqu'à dix-neuf groupes sociaux : civils, militaires, artisans, médecins, marchands, avocats, juges, témoins, procurateurs, patrons, mercenaires, conseillers, seigneurs, serfs, maîtres, élèves, riches, médiocres et mendiants.

À partir du XIIe siècle, la complexité de la société des villes s'accompagne de taxinomies ou classifications sociales plus sophistiquées. Jacques de Vitry (v. 1160-1240), évêque d'Acre, distingue jusqu'à vingt-neuf statuts et le franciscain Guibert de Tournai (v. 1200-1284), trente-six. C'est toutefois le dominicain Humbert de Romans (v. 1200-1277) qui atteint le chiffre le plus élevé : cent états, dont, soixante-dix, il est vrai, de clercs séculiers et réguliers à une époque où les nouveaux ordres religieux pullulent[3]. Pratiquée par les médiévaux eux-mêmes, cette sociologie avant la lettre reflète une palette diversifiée de statuts personnels[4].

La société médiévale ne consiste pas en une masse uniforme de paysans de la troisième fonction indo-européenne ou du tiers état, méprisés et assujettis par les prélats et les combattants, membres du premier et du second état. Elle n'est pas, non plus, l'ensemble des laïcs terrorisés par les prêches des prêtres. Sa stratigraphie est bien plus riche, complexe et diverse qu'on le dit parfois.

La fin de l'esclavage rural

L'Empire romain confie à ses esclaves l'essentiel des tâches nourricières. Cette abondante main-d'œuvre provient largement des guerres de conquête, qui lui apportent de nouveaux territoires et richesses, mais aussi des hommes et des femmes dont on exploite la force de travail. C'est grâce à eux que sont mis en valeur les domaines agricoles. Les royaumes germaniques héritent de cette situation.

Autour de l'an mil, l'esclavage rural de masse, qui faisait la prospérité de la classe sénatoriale romaine, a pratiquement disparu. À quelques rares exceptions près, l'Occident l'efface à jamais de son sol. Tout au plus les ports méditerranéens conservent-ils par la suite un esclavage domestique ou artisanal, issu de la traite. Pour paraphraser le grand historien Marc Bloch, fusillé en 1944 pour faits de résistance, « cette transformation [est l']une des plus profondes qu'ait connues l'humanité[5] ». Elle est à mettre sur le compte du Moyen Âge qui, une fois de plus, dément bien des idées reçues sur sa nature oppressive.

Les raisons de la disparition de l'esclavage antique sont multiples et complexes[6]. Dans l'Antiquité, quelques grands penseurs, comme le stoïcien Sénèque, encouragent les maîtres à traiter d'égal à égal leurs esclaves : « Sont-ils esclaves ? Non, ils sont hommes [...]. Ce sont tes amis d'humble condition, tes co-esclaves, dois-tu dire, si tu songes que le sort peut autant sur toi que sur eux[7] », écrit-il à Lucilius. De façon similaire, son contemporain Paul de Tarse, figure de proue du christianisme, conseille à Philémon de recouvrer Onésime, qui l'a fui, « non plus comme un esclave, mais comme supérieur à un esclave, comme un frère bien-aimé » (Épître à Philémon 16). Par le baptême, Onésime devient l'égal de son maître Philémon. Il l'intègre dans l'Église où toute différence de statut est abolie : « Il n'y a ni Juif ni Grec, ni esclave ni homme libre, ni homme ni femme, car tous vous ne faites qu'un dans le Christ Jésus » (Épître aux Galates 3, 28).

Le christianisme encourage la manumission, accordant la liberté à l'esclave. D'après Ouen, son hagiographe, Éloi (588-660), futur évêque de Noyon, « manifestait un grand zèle pour le rachat des esclaves », « œuvre » à laquelle il consacrait le gros de sa fortune : dès l'arrivée d'une cargaison de captifs, il accourait vers les ports et il les libérait par dizaines[8]. La doctrine et les pratiques évangéliques préparent l'évolution qui, à long terme, effacera l'esclavage. Claude, évêque de Turin, manifeste ouvertement son hostilité envers le statut du travailleur forcé :

> « Qu'est-ce que l'esclave a de moins en tant qu'homme ou le maître de plus en tant qu'homme, eux qui, pareils du point de vue de la nature, ne diffèrent que par un seul nom que le monde corrompu, et non pas la justice, a introduit[9] ? »

Soyons honnête : l'exemple d'Éloi et de Claude n'est pas suivi par tout le monde... Au Haut Moyen Âge, d'autres évêques sont loin de la philanthropie de saint Éloi. Ils font cultiver les terres de leur temporel par des esclaves. Ils cherchent donc à justifier l'état servile. Pour Augustin d'Hippone, l'esclavage s'explique par le péché originel qui a détruit l'ordre naturel antérieur d'égalité universelle, réduisant des hommes et des femmes en servitude[10]. Isidore de Séville reprend la même idée. Au passage, il admet les bienfaits de l'institution grâce à laquelle « la tendance des esclaves à faire du mal est restreinte par le pouvoir de leurs maîtres[11] ». Le pessimisme sur la nature humaine pécheresse sous-tend la croyance en une sorte de macule servile dont pâtissent quelques humains.

Mais si la légitimité de l'institution est débattue parmi les intellectuels, le baptême et la pratique commune de la religion chrétienne rapprochent les esclaves des hommes libres. Dans la vie quotidienne, ils tendent à estomper les différences au sein de la paysannerie, dans laquelle les colons et les alleutiers libres sont nombreux.

Cette évolution prend du temps. Elle part de loin. Dans les royaumes germaniques, la guerre est conçue dans la tradition de la chasse à l'homme. Elle est source d'enrichissement par les biens qu'on pille et par l'humanité qu'on réduit en esclavage. Thierry Ier (511-534), roi mérovingien, harangue ainsi ses guerriers qu'il veut entraîner en Auvergne : « Suivez-moi dans un pays où vous pourrez prendre de l'or et de l'argent autant que le souhaitera votre convoitise et aussi du bétail, des esclaves et des tissus en abondance[12]. » La « dilatation de l'Empire », prônée par Charlemagne, poursuit le même but. Cependant, il existe une réticence à réduire des chrétiens en esclavage. C'est au-delà de l'Elbe qu'on cherche donc des Slaves païens, dont le nom a donné « esclave » (*slavus*, *sclavus*), remplaçant le vieux mot *servus* du latin classique. À partir du Xe siècle, ces guerres de conquête s'estompent, réduisant le nombre de captifs sur les marchés d'Occident.

Autre facteur décisif du recul de l'esclavage rural : la fin de la monoculture. À Rome, les régions tendaient à se spécialiser dans une production, comme le blé pour la Sicile ou l'huile pour la Bétique. La paix en Méditerranée, véritable *mare nostrum*, facilitait les échanges entre elles. Ce n'est plus le cas avec l'effondrement de l'Empire romain et les invasions arabo-berbères[13]. La monoculture cède le pas à la polyculture et le commerce à grand rayon à l'autarcie. Or, le travail forcé convient surtout aux tâches répétitives qu'exige une seule production – preuve en est, l'essor de l'esclavage à cause du sucre et du coton à l'Époque moderne. Enfin, caractéristiques des campagnes du Moyen Âge, des progrès techniques aboutissent à une meilleure maîtrise de la force hydraulique ou de la traction animale, libérant ainsi une abondante main-d'œuvre.

À l'approche de l'an mil, l'ancienne *villa* romaine, où un troupeau d'esclaves cultivait une seule espèce végétale en vue de l'exportation, n'est plus rentable. Elle cède le pas à la seigneurie. Le maître divise son vaste domaine en plusieurs lopins, dans lesquels il case des familles d'esclaves. En contrepartie, il exige d'elles le versement de cens ou redevances fixes et de champarts au prorata des récoltes ; des corvées devront être accomplies sur la réserve, la partie des terres que le seigneur garde en pleine propriété et qu'il fait exploiter en faire-valoir direct.

L'avènement de la seigneurie change le statut des esclaves, devenus des serfs[14]. Ils versent désormais à leur maître des taxes récognitives de leur ancienne condition : chevage pour leur tête ou personne, formariage, s'ils souhaitent se marier en dehors du domaine, mainmorte ou droit d'héritage... De plus, avec le morcellement du pouvoir régalien jusqu'aux châtellenies, les paysans dépendent du tribunal seigneurial. Ils doivent collectivement une taille en échange de la justice et de la protection du maître et de ses chevaliers. Une « seigneurie banale » ou justicière sur les hommes vient ainsi doubler la « seigneurie foncière » pesant sur la terre.

Entre les XIIIe et XVe siècles, le statut des serfs s'améliore considérablement. Les taxes les plus vexatoires disparaissent[15]. Presque plus rien ne les distingue des paysans libres. Du reste, l'ensemble du village obtient collectivement des franchises communales. La presque disparition de la servitude est à mettre également sur le compte du Moyen Âge tardif. Commis à des tâches domestiques et parfois artisanales, des esclaves subsistent certes dans les villes portuaires. Leur nombre est incomparablement plus bas qu'à l'Époque moderne. Le commerce triangulaire à grande échelle, qui se développe aux XVIe-XVIIIe siècles entre l'Afrique, le Nouveau Monde et les ports atlantiques d'Europe, n'est certainement pas médiéval !

Libertés urbaines et révolution commerciale

« L'air de la ville rend libre », dit un proverbe allemand du XVe siècle. Les serfs campagnards qui s'y installent échappent à leur statut détérioré pour jouir de libertés individuelles.

Les franchises collectives ont été obtenues plus tôt et plus largement dans les centres urbains que dans les villages. Elles sauvegardent la liberté personnelle, alors que les individus ne paient plus de chevage ni de taille ; la liberté de la terre, dégagée de redevances seigneuriales excessives ; la liberté des routes, où la circulation des marchandises ne subit plus de péages intempestifs ; la liberté judiciaire, tandis que les citadins sont jugés par leurs pairs siégeant dans un tribunal d'élus.

Dès la fin du XIe siècle, les communes libres – qu'on appelle « consulats » en Méditerranée ou « échevinages » au nord de l'Europe – sont nées d'une association jurée, ou ghilde. Liés par serment, quelques citoyens les ont négociées au prix fort avec le roi, le prince territorial ou le seigneur. Parfois, ils les ont arrachées par une révolte violente, comme à Laon en 1111. Ces communes font l'objet d'un document qui fixe par écrit leurs statuts au détriment de la vague coutume ouverte à l'arbitraire seigneurial. En France, la première charte de franchise conservée à ce jour est octroyée par le roi Louis VI (1108-1137) aux habitants de Lorris (Gâtinais)[16].

Bien sûr, il serait naïf de se représenter les consulats et les échevinages en institutions démocratiques. C'est une oligarchie, issue de la noblesse urbaine ou de la haute bourgeoisie aux prérogatives étendues, qui accapare le pouvoir. Dans le nord de l'Italie, les communes étendent même leur domination dans tout leur arrière-pays ou *contado*, à l'intérieur duquel leurs magistrats imposent l'humiliant hommage aux hobereaux appauvris. Si ces seigneurs ruraux n'obtempèrent pas, elles leur font la guerre, car elles considèrent que leurs péages et leurs redevances sur les marchés relèvent du brigandage.

Une véritable révolution commerciale accompagne le mouvement communal[17]. La contrainte seigneuriale pèse trop sur les affaires des marchands, qui s'organisent pour s'en débarrasser. L'historiographie romantique présentait ces premiers commerçants comme des « pieds poudreux », colporteurs misérables jetés sur les routes et mis au ban de la société à cause de leur maniement scandaleux de l'argent. Ils seraient donc de nouveaux riches. Il n'en est rien.

Dans les ports italiens, les marchands viennent de la noblesse. Ils ne sont nullement menacés de dérogeance s'ils s'adonnent au commerce. Leurs terres leur procurent les capitaux nécessaires pour affréter des bateaux qu'ils font construire avec le bois de leurs forêts et le fer de leurs forges. Leur expérience militaire, leur penchant pour l'aventure et leur goût du risque les poussent à prendre le large pour affronter d'innombrables dangers, à commencer par la piraterie. Leur culture juridique, littéraire et arithmétique facilite leur commerce[18].

C'est de la terre que de nombreux marchands italiens tirent leurs capitaux pour les affaires, et c'est dans la terre qu'ils investissent leurs gains commerciaux. Ils jouissent ainsi d'une rente foncière, leur garantissant la sécurité, les loisirs et la reconnaissance sociale. S'ils ne disposent pas de la somme nécessaire pour se lancer dans le commerce, ils demandent des prêts à des banques et à des particuliers avec lesquels ils s'associent grâce aux contrats de *colleganza, commenda* ou *societas maris*. Le notariat et l'assurance donnent une stabilité certaine aux affaires[19]. Ancêtre du chèque ou de la monnaie fiduciaire, la lettre de change leur permettra de se passer de numéraire au cours de leurs voyages.

Dans leur comptabilité, les marchands italiens abandonnent les chiffres romains, trop complexes pour les opérations mathématiques de base, au profit des chiffres arabes. Ils utilisent le zéro, arrivé depuis l'Inde en Occident au XIIe siècle. Autre progrès capital pour le commerce et les activités financières : autour de 1300, ils se servent de la comptabilité à partie double, distinguant, en deux colonnes, les recettes des dépenses.

Pourvu que les marchands n'obtiennent pas de gains illicites ou qu'ils ne pratiquent pas de taux usuraires dans leurs prêts, l'Église ne les condamne nullement. L'un des premiers saints canonisés selon la procédure romaine n'est autre qu'Homobon († 1197), un tailleur et commerçant prospère de Crémone[20].

Le travail, le commerce, l'artisanat et la finance se sont largement développés dans les villes médiévales, où ils ne subissent ni mépris ni marginalisation. Les marchands urbains ont forgé des valeurs porteuses de modernité. À l'écart des seigneuries rurales et des nobles belliqueux, ils jouissent d'un prestige indéniable. Leur activité prépare les grandes découvertes maritimes du XVIe siècle. Pour le meilleur et pour le pire, le capitalisme est né au Moyen Âge. C'est un legs incontestable de ses cités à la modernité.

7.

Le Moyen Âge promeut les croisades xénophobes

Massacres de masse, pillages systématiques, colonisation impitoyable, cruauté gratuite, islamophobie… Les accusations contre la croisade pleuvent. Dans le déluge, certaines sont en partie fondées ; la plupart sont sans aucun doute exagérées. Même au Moyen Âge, plusieurs intellectuels ont critiqué la croisade qui leur semblait en contradiction avec l'enseignement des Évangiles. Rappelons cependant que l'historien ne fait pas de l'éthique. Plutôt que de juger, il lui revient d'essayer de comprendre et d'expliquer dans son contexte cette institution, si étrangère à nos valeurs qui récusent toute guerre menée au nom de Dieu.

Tentons de nous mettre dans la peau du croisé qui tient pour légitime les combats qu'il mène au Proche-Orient. Leur finalité est, en effet, de recouvrer les lieux saints du christianisme occupés de force par l'Islam. Cette guerre ne lui paraît pas tant « sainte » – l'expression n'apparaît guère dans la documentation – que « juste ». Elle lui semble « sanctifiante » aussi, car au prix de maints sacrifices et privations il obtiendra, grâce à elle, des bienfaits spirituels de la part de l'Église[1]. Ce n'est donc pas la soif de sang ou l'islamophobie qui l'anime, mais la quête du salut éternel à titre individuel ou collectif.

En Syrie-Palestine, les croisés n'ont pas fondé des États régis par l'apartheid. Parmi ceux qui se sont installés en Terre sainte, et encore plus parmi leurs descendants, ils sont nombreux à admirer et à respecter la culture arabe et turque. Ces Francs ou Latins adoptent un genre de vie oriental, ils apprennent l'arabe ou une autre langue de Syrie et ils épousent des filles du cru.

La croisade au sens propre commence tard au Moyen Âge. Ce n'est qu'en 1095 que le pape Urbain II la prêche pour la première fois. Quatre ans plus tard, Jérusalem tombe. De nombreuses expéditions du même type, vers la Terre sainte ou ailleurs, ont lieu ensuite. Elles se poursuivent au XVIe siècle, y compris après la chute de Constantinople aux mains des Turcs ottomans en 1453.

Un pèlerinage en armes

La croisade est un pèlerinage vers la Terre sainte, mais en armes. Reconnue par la plupart des spécialistes, cette définition est certes paradoxale, car, d'après le droit canonique médiéval, le pèlerin doit renoncer à toute forme de violence. Elle souligne pourtant le voyage pénitentiel vers le Saint-Sépulcre de Jérusalem, lieu de la Résurrection du Christ.

Aussi curieux que cela puisse paraître, le mot « croisade » n'existe pas au Moyen Âge. Tout au plus trouve-t-on, vers 1230, « croiserie » dans la chronique française de Bernard, trésorier de Saint-Pierre de Corbie. Le mot dérive de l'expression latine *cruce signati* (« ceux qui ont cousu le signe de la croix sur leurs vêtements »), traduite par « croisé » en français. Les auteurs latins de l'époque utilisent plutôt les vagues « chemin », « voie » ou « passage » pour désigner l'expédition vers Jérusalem ; ils parlent des croisés comme des *peregrini* ou « pèlerins ». Ce vocabulaire du pèlerinage traduit l'essence même du mouvement, tout comme une perception de la guerre bien différente de la nôtre.

L'étrangeté se retrouve dans les traits juridiques qui définissent la croisade en tant qu'institution. C'est le pape qui la proclame solennellement par une bulle et qui y place, parmi ses chefs militaires, son légat ou envoyé, un prélat veillant à la tenue morale et spirituelle de la troupe. Les futurs combattants prononcent le vœu de s'y engager sous peine d'excommunication. Ils adoptent un habit spécifique cousu d'une croix et reçoivent le bourdon et la besace des pèlerins. Contracté sous serment, le devoir de guerroyer outremer comporte, en contrepartie, des droits pour les croisés : protection de leurs biens et de leurs personnes, hospitalité, exemption des péages, remise dilatoire de leurs procès… Le moratoire de leurs dettes est également de rigueur, parce qu'ils hypothèquent souvent leurs propres terres pour pouvoir financer leur voyage, mais aussi leurs montures, armes et nourriture[2].

Nous sommes donc bien loin de l'image de brutes prêtes à éradiquer un peuple jugé inférieur. La croisade se pense d'abord « pour » et non pas « contre ». Si l'on part si loin à ses frais, et encore plus à ses risques et périls, c'est « pour » profiter d'un bénéfice avant de combattre les Orientaux. Les bienfaits spirituels accordés aux expéditionnaires sont donc au cœur de leur engagement. À l'instar du pèlerinage, forme ancienne de pénitence, la croisade remet la peine due pour les péchés accusés en confession. Avec elle, l'idée, puis l'institution même, d'indulgence plénière apparaît en Occident.

La similitude avec le pèlerinage, forme traditionnelle d'expiation, n'en est que plus marquée.

Les croisés expient leurs péchés dans les lieux mêmes de la Passion et de la Résurrection du Christ afin de gagner, grâce à leurs privations, la vie éternelle. Cette eschatologie ne concerne pas exclusivement leur mort et leur salut individuels. La croisade devrait hâter aussi la parousie ou second avènement du Christ, car elle libère le mont des Oliviers d'où il était parti aux cieux lors de l'Ascension et où il reviendra à la fin des temps pour juger l'humanité tout entière[3]. Voilà pourquoi le départ en croisade était aussi respecté, encouragé... Parce qu'il s'agissait avant tout d'une promesse spirituelle et religieuse.

Saladin, qui se bat si souvent contre les croisés, a bien compris la nature profonde de leur engagement, tandis qu'il les propose en exemple à ses coreligionnaires en 1191 : « Pour défendre leur religion, les Francs n'ont pas hésité à prodiguer la vie et le courage et à procurer à leurs troupes impures toutes sortes d'armes de guerre. Et tous ces efforts, ils ne les ont fournis que par pur zèle envers Celui qu'ils adorent, pour défendre jalousement leur foi[4]. » En somme, Saladin aimerait qu'au service de l'islam les musulmans en fassent autant que les croisés.

Conquête et perte de Jérusalem

La croisade débute à Clermont, en Auvergne, le 27 novembre 1095[5]. Ce jour-là, le pape Urbain II prononce le sermon de clôture d'un concile réunissant une foule d'évêques, de prêtres et de laïcs. Il enjoint alors à l'aristocratie guerrière de jurer la paix et la trêve de Dieu pour respecter les hommes et femmes sans armes, les églises et monastères ainsi que les jours sacrés. Plutôt que de se faire la guerre en Occident, qu'ils partent pour l'Orient afin de protéger les chrétiens qui subissent les conquêtes turques, conclut-il. Son appel reçoit une réponse inespérée. Au cri de « Dieu le veut ! Dieu le veut ![6] », comtes, nobles et paysans prononcent le vœu solennel de s'engager corps et âme dans cette expédition lointaine aux dangers multiples et à l'issue incertaine.

En mars 1095, quelques mois avant le concile de Clermont, le pape vient de recevoir, à Plaisance (Émilie-Romagne), une ambassade de l'empereur Alexis Ier de Constantinople lui demandant des secours contre les Seldjoukides, la fédération de tribus islamisées qui lui avaient pris l'Anatolie. Depuis longtemps, en effet, des mercenaires occidentaux le secondent dans la défense de ses terres. Détenteur légitime de l'Empire romain d'Orient, Alexis considère que ses ancêtres ont été injustement dépossédés par les troupes arabes, puis turques, de la Syrie, de l'Égypte et, plus récemment, de l'Asie mineure.

En prêtant main-forte à l'empereur d'Orient, les croisés sont convaincus de servir le droit. Ils veulent remettre sous domination chrétienne les lieux saints, conquis jadis par la prédication des Apôtres et par le sang des martyrs pour être ensuite occupés par la seule violence d'un Islam conquérant[7]. Pour eux, la libération de la Terre sainte relève de la guerre juste, par laquelle le propriétaire lésé recouvre un bien que son adversaire lui a ôté de façon illégitime. Les bienfaits spirituels que leur accorde le pape les confirment dans leur décision de tout quitter pour participer à cette « reconquête », qui leur rappelle à bien des égards celle des chrétiens de la péninsule Ibérique qui veulent restaurer le royaume wisigothique au détriment de l'envahisseur arabo-berbère.

L'appel de Clermont lève une armée immense, qui enchaîne les succès. En juin 1097, elle prend Nicée, près de Constantinople, et elle la remet à l'empereur. Plus au sud, il lui faut sept mois d'un siège ardu pour conquérir Antioche qui ne sera jamais, contrairement à Nicée, rendue aux Byzantins, accusés d'avoir abandonné les assaillants. Les relations des croisés avec l'empereur de Constantinople deviennent dès lors complexes. Enfin, ils font tomber Jérusalem bien plus vite, en à peine une cinquantaine de jours, le 15 juillet 1099.

Les pillages et massacres auxquels se livrent les croisés dans la ville sainte, tout comme dans leurs conquêtes précédentes, ont souvent été exagérés. Il ne faut pas oublier qu'à l'époque la prise d'assaut octroie aux assaillants tous les droits sur les assiégés – une reddition négociée aurait permis, en revanche, aux défenseurs de la place de s'en tirer par une lourde rançon, voire par la réduction en esclavage à laquelle la mort peut leur sembler préférable. En outre, les chroniqueurs favorables à la croisade empruntent souvent à l'Ancien Testament, surtout au Livre des Maccabées, une rhétorique qui exalte le sang versé au nom de la sanction divine et de la purification sacrificielle[8]. À l'opposé, les sources arabes contemporaines de l'événement ne mentionnent guère de massacre.

À la suite de leurs conquêtes, les croisés constituent quatre États latins : comté d'Édesse, principauté d'Antioche, comté de Tripoli et royaume de Jérusalem. Ils prennent leur indépendance à l'égard de l'empereur de Byzance, entrant souvent en conflit avec lui. L'afflux de chevaliers occidentaux ne s'arrête pas avec la première croisade. Leurs expéditions deviennent même massives à plusieurs reprises. Elles n'empêchent pas Jérusalem d'être reconquise à l'été de 1187, par les musulmans menés par Saladin. Plusieurs autres croisades sont ensuite prêchées. Elles n'éviteront pas que Saint-Jean d'Acre, dernière place latine du littoral palestinien, tombe en 1291.

La croisade détournée

Au XIIIe siècle, la croisade connaît de multiples détournements. Le sac de Constantinople de 1204, perpétré contre des chrétiens grecs, provoque une fracture irréparable entre les catholiques et les orthodoxes. Peu après, Innocent III proclame, en 1209, la croisade contre les albigeois, c'est-à-dire les hérétiques languedociens et les seigneurs, presque toujours catholiques, qui les protègent. Dès les années 1230, engagée dans une longue guerre contre l'empereur Frédéric II et contre ses successeurs pour le contrôle du royaume de Sicile, la papauté prêche même plusieurs croisades contre eux dans le sud de l'Italie et jusqu'en Catalogne en 1285.

Suscitées par le Saint-Siège et menées par des chevaliers pour la plupart français, les croisades d'Occident ont essuyé des critiques de la part de quelques intellectuels[9]. Pour les chrétiens, elles sont plus difficiles à justifier que la guerre pour le recouvrement des lieux saints. D'une tout autre nature sont les croisades septentrionales, prêchées, au cours du XIIIe siècle, contre les peuples païens de la Prusse et de la Baltique. Elles attirent de nombreux chevaliers de l'Empire romain germanique et des royaumes scandinaves. Elles entérinent la domination de l'ordre militaire des teutoniques sur la région[10].

Colonisation et ordres militaires

Le chroniqueur picard Guibert de Nogent (1053-1124) qualifie les États latins d'Orient[11] de « sainte et nouvelle colonie de la Chrétienté » – contrôlée par une minorité de nobles venus d'Occident et leurs descendants. Leur genre de vie est conditionné par la guerre qu'ils pratiquent continuellement contre les musulmans. Ces chevaliers essuient donc des pertes considérables dans leurs rangs.

La courte espérance de vie des rois de Jérusalem et des autres princes territoriaux entraîne des querelles successorales à répétition qui minent la résistance de leurs États face à l'Islam. En outre le système féodal par lequel, en échange d'un fief, le vassal doit servir en armes son seigneur pendant seulement une quarantaine de jours chaque année n'est guère adapté en milieu hostile. Plutôt que dans des forteresses rurales, ces chevaliers vivent dans les villes où ils adoptent les vêtements, la nourriture et les modes orientales, tout en tirant profit du commerce des Génois, Pisans et Vénitiens.

Les templiers, les hospitaliers et les autres ordres militaires sont bien plus disponibles et efficaces[12]. Ces moines-soldats représentent une armée permanente de célibataires entièrement voués à la défense des États latins. Ils contrôlent un réseau de puissantes forteresses éparpillées dans toute la Palestine, à l'instar du Krak des Chevaliers, fermant la trouée d'Homs et l'accès du Nord syrien vers le littoral palestinien.

Le prestige des ordres militaires est considérable parmi les nobles, qui sont nombreux à demander à en faire partie. Il ne résiste cependant pas à la perte d'Acre, dernier bastion croisé en Terre sainte. À partir de 1307, les calomnies du roi Philippe le Bel à leur encontre, leur procès truqué et le bûcher où périssent leurs commandeurs dissolvent définitivement le Temple[13]. L'idée commune persiste du croisé persécuteur ; ici au contraire le templier, croisé par excellence, devient martyr plus qu'il ne martyrise.

Le prince syrien Usâma ibn Munquidh (1095-1188) raconte que ses « amis templiers » l'accueillent volontiers dans leur maison, située sur l'ancien emplacement de la mosquée al-Aqsa de Jérusalem, d'où une tradition voulait que Mahomet avait voyagé jusqu'au septième ciel sur un cheval ailé. Alors qu'il y est en train de prier tourné vers La Mecque, un croisé se rue sur lui et le frappe ; les templiers chassent aussitôt l'agresseur, en s'excusant auprès d'Usâma : « C'est un étranger arrivé ces jours-ci des pays francs », disent-ils[14]. Il n'y a pas que de la haine entre les chrétiens latins et les musulmans.

En temps de trêve, les Latins d'Orient cultivent des amitiés parmi les musulmans arabes et turcs. Comme eux, ils se laissent pousser la barbe, ils portent le keffieh et ils s'habillent de vêtements plus bouffants qu'en Europe septentrionale, mieux adaptés au climat méditerranéen. Comme les templiers de Jérusalem, ils sont nombreux à respecter sans rechigner leur pratique religieuse. Usāma raconte ainsi qu'un de ses amis a été invité à la table d'un Franc dont les cuisinières égyptiennes suivaient strictement les règles et interdits alimentaires de l'islam[15].

De nombreux Latins de Terre sainte sont bilingues. Le chroniqueur Abū Shāma tient ainsi Renaud de

Sidon (1171-1200) pour « l'un des principaux seigneurs et des plus intelligents parmi les Francs, connaissant l'arabe classique et quelques-unes de nos histoires et traditions » – il avait toujours, dit-il, avec lui un précepteur musulman qui l'aidait à progresser dans sa langue[16]. Des transferts culturels s'opèrent entre Latins d'Orient et musulmans. Ils représentent une forme indéniable d'ouverture à l'autre et d'enrichissement mutuel des différences[17].

Parfois, les croisés épousent des Orientales. Le prêtre Foucher de Chartres, qui les accompagne à la première croisade et qui s'installe en Terre sainte, constate au sujet de quelques combattants chrétiens : « Un tel prend pour femme non pas une de ses compatriotes, mais une Syrienne ou une Arménienne [chrétiennes orientales], et même une musulmane qui aurait accepté la grâce du baptême[18]. » L'étude récente de l'ADN de neuf individus, probablement membres de la même troupe franque, tués au XIIIe siècle de blessures de guerre et enterrés dans un charnier près de Sidon, donne : cinq Européens de l'Ouest, deux Proche-Orientaux et deux cas de « mélange génétique » des deux groupes précédents[19]. Les descendants des croisés ne s'isolent aucunement des populations locales. Loin de tout ségrégationnisme, ils pratiquent des mariages mixtes.

La croisade s'accompagne progressivement de la mission par laquelle les chrétiens tentent de convertir les musulmans à leur religion[20]. Elle est d'autant moins incompatible avec les conquêtes territoriales que les autorités musulmanes punissent pour blasphème les chrétiens prêchant sur leurs khalifats et émirats. Les conquérir permet aux prédicateurs de tenter de convaincre les musulmans, alors que le baptême forcé est interdit par le droit canonique.

En 1219, François d'Assise rencontre le sultan d'Égypte al-Kâmil, qu'il essaie de convertir. La règle qu'il rédige ensuite prévoit que ses frères franciscains partant évangéliser en terre d'Islam adoptent deux attitudes : soit vivre de façon exemplaire parmi les musulmans, tout en confessant discrètement leur foi, soit prêcher au grand jour la toute-puissance de Dieu, la Trinité et la divinité du Christ, les poussant au baptême, même si le martyre s'ensuit[21]. C'est le cas des franciscains décapités à Marrakech en 1220 et à Ceuta en 1227.

Aux XIIe et XIIIe siècles, quelques esprits clairvoyants critiquent la croisade. Ainsi, pour Adam († 1221), abbé du monastère cistercien de Perseigne (Maine), « le Christ n'a pas versé son sang pour gagner Jérusalem, mais pour les âmes qu'il faut sauver[22] ». Dépité des pertes d'une croisade à laquelle il a lui-même participé, il formule une évidence théologique, tant le message des Évangiles est pacifique.

La croisade n'a jamais fait, ni hier ni aujourd'hui, l'unanimité, y compris parmi les chrétiens. Son histoire est néanmoins tout autre qu'une suite interminable de massacres, de violences et d'incompréhensions. Elle nous est d'autant plus difficile à comprendre que ses expéditions militaires relèvent d'une théologie politique aujourd'hui dépassée. Un phénomène si complexe ne saurait être érigé en argument simpliste dénigrant le Moyen Âge.

8.

Le Moyen Âge est sombre et austère

Le 5 janvier 1819, le quotidien *Le Constitutionnel*, libéral et anticlérical, utilise « obscurantisme » pour désigner l'hostilité aux Lumières[1]. C'est la première occurrence connue du substantif qui se répand ensuite en synonyme d'ignorance, fanatisme, intolérance et régression. Encore de nos jours, hélas, on lui accole trop souvent l'adjectif « médiéval ». Il est vrai que, vers 1600, dans son histoire de l'Église, le cardinal Cesare Baronio appelle *sæculum obscurum* (« siècle obscur »), voire *plumbeum* (« de plomb ») ou *ferreum* (« de fer »), les années 900-960, où la papauté, prisonnière des luttes de pouvoir des factions aristocratiques romaines, connaît une crise sans précédent[2]. De plus, en Grande-Bretagne, les ve-xe siècles ont été longtemps qualifiés de *Dark Ages* ou « âges sombres[3] », aussi bien à cause de la rareté de documents les éclairant que de leur prétendue anarchie politique. Depuis au moins le XVIIe siècle, l'imaginaire collectif associe le Moyen Âge à l'obscurité.

Les dégoûts de la Renaissance

La période médiévale est-elle davantage plongée dans les ténèbres que n'importe quelle autre ? Tout compte fait, l'invention de l'éclairage électrique par Edison n'intervient qu'en 1879. Les philosophes du XVIIIe siècle, auto-proclamés lumineux, ont autant ressenti le passage du jour à la nuit que leurs ancêtres médiévaux. Ils ont subi, comme dans les millénaires précédents, l'obscurité nocturne. À l'instar de leurs ancêtres, ils ont dû s'éclairer la nuit de feux de cheminée, torches, chandelles, lampes ou lanternes[4]. Leur brillante image sur les Lumières n'a rien changé à leur vie quotidienne.

Bien avant l'*Aufklärung*, des théologiens du Moyen Âge accordent à la thématique de la lumière une place centrale. Au cœur de leur réflexion, une assertion du Christ : « Je suis la lumière du monde : qui me suit ne marche pas dans les ténèbres, mais il aura la lumière de la vie. » (Jean 8, 12) En outre, les penseurs médiévaux ont en tête l'allégorie de la caverne de Platon, qui décrit des prisonniers enchaînés dans une grotte, où ils ne peuvent voir qu'un mur où se projettent les ombres du monde extérieur. Elles ne leur font voir que des apparences, alors que la vérité est le soleil d'où jaillissent les idées, la science et le bien[5]. Les prisonniers sont les hommes qui n'ont qu'une perception approximative de réalités bien plus hautes.

À la fin de l'Antiquité, Plotin, Porphyre, Proclus et les autres néo-platoniciens systématisent ces théories, tout en les mélangeant au mysticisme des religions à mystères venues d'Orient. Aussi étonnant que cela puisse paraître, leur réflexion autour de la lumière aboutira à l'un des legs les plus précieux du Moyen Âge : la cathédrale gothique.

Chose rare, le mot « gothique » a pris sa noblesse avec notre modernité. C'est elle qui a rétabli l'honneur de ce mot ! De nos jours, l'adjectif « gothique », accolé à des mots de construction, n'est absolument pas dédaigneux pour nos contemporains. Il évoque plutôt d'immenses cathédrales, que les touristes s'empressent de visiter. Or, les premières utilisations de « gothique » par les artistes et théoriciens italiens de la Renaissance relèvent d'un registre bien plus péjoratif.

En 1550, le Toscan Giorgio Vasari raille les proportions et la décoration médiévales, qui tranchent, d'après lui, sur la perfection antique : « Il y a un autre style appelé gothique [...]. Les bons architectes d'aujourd'hui ne l'emploient pas, mais ils le fuient comme monstrueux et barbare. » Vasari attribue en effet aux Goths, pilleurs de Rome et soi-disant assassins de ses artistes, l'invention de cette architecture si extravagante. Et de conclure : « Que Dieu préserve tout pays de cette conception et de cette manière de bâtir[6]. »

Des goûts et des couleurs… N'en déplaise aux théoriciens de la Renaissance et des Lumières, le gothique, qui succède au roman, tout aussi sublime, n'est ni monstrueux ni barbare, et surtout pas obscurantiste.

Le pseudo-Denys l'Aréopagite et le néo-platonisme

Au début du XIIe siècle, l'abbaye de Saint-Denis constitue le premier chantier de l'architecture gothique. Aux portes de Paris, ses moines y vénèrent la dépouille de Denis, qu'une vieille tradition voulait le premier évêque de la ville. Après avoir été décapité à Montmartre en raison de sa foi chrétienne, il aurait porté vers le nord sa propre tête dégageant une puissante lumière jusqu'au cimetière où s'installe par la suite le monastère. À l'époque, personne ne sait que l'on confond ce martyr avec Denys l'Aréopagite, converti au christianisme après avoir entendu la prédication de saint Paul à Athènes (Actes 17, 16-23). La même erreur se retrouve alors dans l'attribution à l'Aréopagite du *Corpus dionisiacum*, un ensemble d'opuscules néo-platoniciens composés en grec au Ve siècle, dans lesquels la réflexion sur la lumière est primordiale[7]. Hilduin, l'abbé de Saint-Denis, et Jean Scot Érigène au IXe siècle, puis Hugues de Saint-Victor et Jean Sarrazin au XIIe siècle traduisent en latin ce corpus, le rendant accessible aux penseurs parisiens.

La notion d'une hiérarchie de la lumière est au cœur de l'œuvre du pseudo-Denys l'Aréopagite. Elle est double : céleste pour les anges et ecclésiastique pour les hommes. Au sommet de la pyramide des êtres, Dieu y apparaît à la fois comme « soleil de justice », comme « ténèbre plus que lumineuse » et comme « rayon suressentiel ». Il est l'Un et le Bien, dont procèdent ou émanent tous les noms et, à partir d'eux, toutes les choses. Les anges et les hommes, êtres rationnels, doivent s'élever vers le Dieu-Lumière par un mouvement anagogique (« ascensionnel ») de l'intellect. Ils monteront vers lui par trois paliers successifs : purification, illumination et union. Similaires aux rayons lumineux, deux mouvements expliquent enfin le cosmos : l'un descendant, de Dieu vers les créatures, et l'autre ascendant ou anagogique, de l'homme et des anges vers Dieu[8].

Les idées néo-platoniciennes sur la lumière parcourent tout le Moyen Âge. Encore au milieu du XIIIe siècle, Robert Grosseteste, chancelier de l'université d'Oxford et évêque de Lincoln, traduit et commente le pseudo-Denys. En parallèle de son étude philosophique, c'est de façon expérimentale qu'il étudie l'optique, le parcours des rayons, la réfraction et l'arc-en-ciel. Il rédige un traité sur la lumière qui mêle des données physiques à des considérations théologiques. Il y affirme que le Dieu-Lumière (*Lux*) a créé la luminosité (*lumen*) qui obtient, à son tour, des corps à partir d'une première matière informe. « La lumière est incontestablement d'une essence plus digne, plus excellente et plus noble que toutes les autres choses corporelles[9] », conclut-il. De son temps, la pensée abstraite et la science expérimentale posent les bases à l'étude scientifique de la lumière et de ses propriétés. Et les progrès que le maître d'Oxford a apportés à l'optique sont bien éloignés de tout « obscurantisme »…

L'immense cathédrale gothique

Le monastère de Saint-Denis se développe sous la protection des Mérovingiens et des Carolingiens, qui s'y font souvent enterrer. Ce lieu de mémoire veille sur les *regalia*, les objets du couronnement, et sur l'oriflamme, une bannière sang et or que le roi de France emporte lors des expéditions militaires. Soutenu par Louis VI et Louis VII, dont il est le conseiller, l'abbé Suger († 1151) rénove et agrandit l'église abbatiale de Saint-Denis, devenue trop exiguë pour recevoir les nombreux pèlerins se recueillant devant les reliques du martyr parisien transformé en savant aréopagite. En syntonie avec la philosophie de son saint fondateur, l'abbé souhaiterait que la lumière inonde le bâtiment reconstruit en contraste avec les sombres églises romanes des siècles précédents.

Suger veut que le nouveau chevet, orienté au soleil levant, « brille de la lumière admirable et ininterrompue de vitraux resplendissants illuminant la beauté intérieure ». Il y fait peindre une inscription latine en vers, traduisant l'influence de la philosophie dyonisienne :

> « La basilique resplendit, illuminée en son milieu, car resplendit ce qui est brillamment uni aux corps

lumineux et que traverse une lumière nouvelle : l'œuvre noble resplendit ! »

Suger s'imagine enfin partir, dans la « splendeur multicolore » des bijoux ornant l'autel, vers « une région lointaine de la sphère terrestre [...] et pouvoir être transporté, par la grâce de Dieu, de ce monde inférieur vers le monde supérieur par anagogie[10] ». Rappelons que, cher aux néo-platoniciens, ce dernier mot signifie l'élévation de l'âme purifiée et illuminée pour s'unir à Dieu. Pour paraphraser le grand médiéviste Georges Duby, le nouvel « art de clartés et d'irradiation processive[11] » facilite l'ascension de l'homme vers la divinité.

De nouvelles trouvailles architecturales aident à concrétiser dans la pierre la philosophie dyonisienne. Elles aboutissent au gothique, qui inonde de lumière les cathédrales et les églises. L'arc en plein cintre roman, décrivant un simple demi-cercle, est remplacé par l'arc brisé à angle aigu dont les ogives se croisent dans une voûte. À l'extérieur, des arcs-boutants supportent les poussées du bâtiment. Dès la fin du XIIe siècle, ces innovations donnent le « gigantisme » et la « verticalité » des immenses cathédrales de l'Île-de-France (Notre-Dame de Paris, Noyon, Senlis), de Champagne (Reims) et de Picardie (Laon, Amiens), puis du reste de l'Europe.

Tout au long du XIIIe siècle, l'architecture évolue vers le gothique « rayonnant » (mot renvoyant probablement aux traits qui partent des rosaces ou roses, ces grandes fenêtres circulaires décorées de vitraux), puis « flamboyant », en allusion à la flamme que rappelle leur ogive, ou les différents gothiques régionaux : angevin ou Plantagenêt, anglais, catalan[12]...

Au XIXe siècle romantique, la fascination pour cet art est telle que de nombreux architectes essaient de l'imiter dans leurs églises « néo-gothiques ». Aussi variés soient-ils, tous ces bâtiments continuent de nous éblouir.

L'art gothique naît et s'épanouit autour des écoles cathédrales du nord de la France et de l'université de Paris tandis que triomphe la scolastique. Cette méthode tente de concilier la théologie et la philosophie en « clarifiant » les articles de la foi, plutôt qu'en les prouvant au nom de l'autorité. Le discours devient plus systématique et organisé. Des idées principales sont soutenues par une argumentation dialectique qui lui est subordonnée. Des procédés similaires se retrouvent dans l'agencement des églises gothiques, que les divisions et subdivisions des volumes rapprochent de la scolastique. La hiérarchie de leurs différents éléments rappelle ainsi les grandes sommes de Thomas d'Aquin et des autres maîtres parisiens du XIIIe siècle[13]. Ces retrouvailles passionnantes de l'art et de la pensée dans des cathédrales sont, une fois encore, bien éloignées du prétendu « obscurantisme » médiéval !

Une technique architecturale de pointe

La technologie employée pour construire les cathédrales est spectaculaire. Doté du compas et de l'équerre, le maître d'œuvre dessine les profils et gabarits, modèles en grandeur nature des principales parties du bâtiment. Les maçons posent les blocs de pierre à l'aide du pendiculaire, proche du niveau à bulle, pour s'assurer de l'horizontalité des murs et du fil de plomb pour leur verticalité. Des échafaudages hissent les ouvriers. Les charges leur sont montées à l'aide de poulies et d'engins complexes, parmi lesquels la roue à écureuil permet à un seul homme de lever jusqu'à 600 kg. L'hiver, les tailleurs cisellent la pierre dans leur loge, à proximité du chantier à l'arrêt. L'été, faire travailler ensemble de nombreux métiers requiert une indéniable capacité de gestion[14]. Seul un exceptionnel savoir-faire peut organiser le chantier d'une cathédrale. Il traduit une intelligence architecturale fort « éclairée ».

Les architectes, tailleurs de pierre et maçons obtiennent la voûte d'ogives et les arcs-boutants, qui amincissent les murs des églises, percées de vastes baies vitrées, éclairant le chevet et la nef. Ces fenêtres sont souvent divisées en lancettes ou arcs brisés surhaussés et en un réseau de plomb dans lequel est serti le vitrail. Le verre provient de la silice et de la potasse chauffées dans un four à environ 1 200 °C. Au cours de la fusion, les différentes couleurs surgissent des oxydes métalliques qui lui ont été appliqués à froid : rouge et vert à partir du cuivre, pourpre du manganèse, bleu du cobalt, jaune de l'antimoine…

Les peintres verriers composent ensuite les scènes figurant sur les fenêtres. Ils représentent de grands personnages (patriarches, apôtres, saints, évêques, donateurs), mais surtout des récits de la Bible ou de la vie des saints. Entre 1243 et 1248, Saint Louis ordonne la construction de la Sainte-Chapelle, dans l'île de la Cité de Paris. Soutenu par les seuls arcs en ogive, cet écrin vitré se passe de mur. Il garde les reliques de la Passion du Christ, dont les châsses en métaux précieux et bijoux brillent à la lumière du jour. Les images des vitraux soulignent la continuité entre la royauté de Juda, souvent sacerdotale, et celle du roi de France[15]. À Chartres, le pouvoir politique est également représenté dans les scènes de la vie de Charlemagne[16]. Le patronage artistique de la royauté est ainsi récompensé.

Traversant le vitrail, la lumière offre un reflet pourpre aux murs, eux-mêmes peints de couleurs chatoyantes. Cette brillance polychrome tranche sur la blancheur plus en syntonie avec la sensibilité actuelle. Elle rappelle les bijoux étincelants de la Jérusalem céleste, dont l'Église est l'image. De même, sur le pignon de la façade, la rosace, qui peut représenter le couronnement de la Vierge ou le Jugement dernier, renvoie au ciel. Chaque bâtiment cultuel incarne l'Église, corps mystique du Christ. Grâce à elle, le chrétien peut atteindre ce lieu de bonheur où une lumière éblouissante lui accordera la vision béatifique, la contemplation éternelle de Dieu.

Au quotidien : des couleurs chatoyantes

Les médiévaux aiment les couleurs vives. S'ils en ont les moyens, ils s'habillent de coloris voyants. C'est à grands frais qu'ils achètent des étoffes luxueuses en soie, cousues de fil d'or et argent. Ils font teindre la laine ou le lin de rouge, vert et jaune vif. Ils les ornent de bijoux. Ils croient même que certains de ces joyaux, telle la rouge escarboucle, dégagent une lumière propre qui brille dans la nuit. Dans la littérature médiévale, les riches atours sont portés par des dames au teint clair et à la chevelure blonde à l'image du soleil, source de toute lumière. La tenue de la noblesse, du patriciat urbain et de la bourgeoisie est éclatante. Elle n'a rien de morne ni d'obscur.

Le rouge a été longtemps la couleur préférée du Moyen Âge. Il est notamment très présent dans les habits d'apparat et les emblèmes du pape et de l'empereur, les plus anciens des pouvoirs d'Occident. Ce n'est qu'au XIIe siècle que le rouge, prépondérant jusqu'alors, commence à être concurrencé par le bleu, plus sombre, qui symbolise aussi bien la Vierge que les rois de France. À l'Époque moderne, cette couleur, foncée jusqu'à devenir noire, déclasse toutes les autres. Jadis elle représentait les ténèbres et leur maître, le diable. À partir du XVIe siècle, au contraire, elle traduit l'austérité et la rigueur. C'est de bleu et de noir que s'habillent désormais les clercs catholiques, les pasteurs protestants, mais aussi les magistrats et les femmes en deuil qui pouvaient auparavant préférer le blanc, symbole de la Résurrection. Dans le sens d'un assombrissement, cette mutation se perpétue largement jusqu'à nous[17]. Par contraste, elle tranche sur un Moyen Âge ami des couleurs éblouissantes qui brillent au soleil.

On retrouve cette chatoyance sur les tables des banquets, à la lueur de dizaines de torches et bougies, et même dans les rires, les ripailles et la grivoiserie – autant de traces d'un appétit de la vie, coloré, lumineux, très loin de l'austérité et des mœurs rigides dont on affuble la période médiévale. Le sens de la fête est marqué au Moyen Âge où, selon les époques et les régions, un jour sur trois ou sur quatre est chômé. Les baptêmes, les mariages, les fêtes communales et bien d'autres événements donnent lieu à bombance, rompant la monotonie des collations quotidiennes.

Grâce aux poubelles des châteaux et villages les archéologues ont fait des découvertes étonnantes : quelque quatre milliards d'huîtres dans un site habité depuis le XIe siècle à Saint-Michel-en-l'Herm, en Bas-Poitou ! Les nobles, qui peuvent chasser au faucon, se distinguent par les oiseaux qu'ils dévorent, tel le héron cendré dans l'ouest de la France. Leur alimentation est principalement carnée, surtout des bovidés, puis des caprinés et des porcs, mais les jours de maigre, à commencer par le Carême, imposent aussi une consommation importante de poisson. C'est au Moyen Âge que naissent les cuisines régionales, telles les pâtes en Italie, que l'on fait bouillir longtemps. Quant aux Français, ils préfèrent l'acide ; les Anglais le doux et les Bretons le beurré. Les nombreux livres de cuisine circulant à l'époque témoignent d'un monde où l'austérité n'est pas de mise à table[18].

Le Graal étincelant

La chanson de geste et le roman courtois donnent de longues descriptions des chevaliers en armure étincelante. À les lire, « tout flamboie ou luit sous un grand soleil[19] ». De la même manière, dans la *Chanson de Roland*, « le soir est clair, le jour reste radieux, et au soleil les armes resplendissent, hauberts et heaumes étincellent et flamboient, ainsi que les écus bien peints à fleurons, les épieux et les gonfanons dorés[20] ». La plus éclatante des armes est sans conteste l'épée qui brille, imagine-t-on alors, de sa propre lumière. D'après la *Chanson d'Aspremont* (1190), « l'acier de Durendal rougit davantage que les charbons dans un brasier ». Dans *L'Histoire de Merlin* (1230), Excalibur, sitôt tirée du fourreau, dégage « une clarté aussi grande que s'il s'agissait de deux cierges » ou « d'un brandon de feu ». Cette flamboyance est un thème ancien, issu des éclairs que tiennent les dieux païens de la guerre, du glaive de feu de l'ange chassant Adam et Ève du paradis ou du travail du forgeron martelant la lame incandescente[21]. À l'évidence, la lumière obsède le combattant médiéval.

But supérieur des quêtes du chevalier, le Graal est le plus rayonnant des objets. Dès sa première apparition, vers 1190, dans la salle du banquet du Roi Pêcheur, Chrétien de Troyes décrit l'éclat de son or très pur et de ses pierres précieuses : « Il advint une si grande clarté que les chandelles en perdirent la lumière, tout comme les étoiles quand se lève le soleil ou la lune[22]. » Le même éclat accompagne partout le Graal, que ce soit dans le sombre cachot de Joseph d'Arimathie, dans l'obscure forêt où Perceval l'approche ou au milieu de la Table ronde, où il descend miraculeusement[23].

Porteur de l'hostie ou du sang du Christ, le saint vase représente l'eucharistie, le plus haut des sacrements, signe sensible de la grâce : « C'est le saint Graal, c'est la grâce de Notre-Seigneur[24] », dit un ermite aux chevaliers de la Table ronde. La grâce élève vers Dieu, Lumière vers laquelle tout croyant doit tendre. Les romans arthuriens proposent ainsi un voyage intérieur bien plus enrichissant que les aventures et combats qu'ils décrivent.

Les philosophes du XVIIIe siècle n'ont pas le monopole des Lumières. Bien avant eux, les intellectuels médiévaux ont utilisé cette image pour développer une pensée sophistiquée et complexe, qu'incarne l'architecture gothique, l'une des plus grandes réussites de l'art occidental. Leurs recherches expérimentales sur la lumière les ont même menés à des découvertes notables en optique. Grâce à elles, les lunettes, combattant la myopie et la presbytie, ont permis à bien des penseurs de lire et d'écrire plus longtemps que par le passé. Elles leur ont apporté la lumière. L'obscurantisme médiéval est donc un leurre.

9.

Le Moyen Âge est ignorant

L'accusation est sans appel. Elle s'égrène en une suite de lieux communs qu'il est douloureux de mentionner ici. On entend souvent dire qu'au ve siècle, début du Moyen Âge, les barbares ravagent tout sur leur passage. Ils détruisent les florissantes écoles grecques et latines. Les bibliothèques flambent. Les académies philosophiques de l'Antiquité ne seraient plus.

Au rythme des pillages de l'envahisseur germanique, lit-on parfois, l'Église impose sa chape de plomb sur les esprits, menacés d'excommunication s'ils s'écartent de son dogme. Pour mieux contrôler la société, elle aurait censuré le savoir et interdit les grands auteurs classiques parce que païens. Elle aurait donc empêché la science de progresser. En l'absence d'intellectuels et de débat d'idées, le fanatisme et la superstition auraient proliféré. Comble de ces poncifs : le savoir aurait régressé au Moyen Âge.

Fort heureusement, la Renaissance aurait donc redécouvert les grands penseurs gréco-latins ! Dont la lecture aurait ouvert les humanistes à la modernité. Et la page d'un long millénaire obscurantiste aurait été tournée…

La liste des clichés sur la prétendue ignorance « moyenâgeuse » pourrait s'allonger davantage.

Sciences dures et douces

Non ! Le Moyen Âge est tout sauf ignorant. Tout au plus conçoit-il le savoir d'une façon moins utilitariste que la nôtre. La science est à la fois connaissance ou expérience des choses, mais aussi des personnes.

Les Grecs et les Romains distinguaient les arts mécaniques, relatifs aux objets, des arts libéraux, s'intéressant aux hommes et femmes. Ils méprisaient les premiers parce qu'asservis à la matière et donc inintéressants à leurs yeux. Pire : l'utilité immédiate des savoirs purement techniques les rebutait. La distinction actuelle entre, d'une part, sciences physiques ou « dures » et, de l'autre, sciences humaines ou « douces » aide à comprendre les mentalités médiévales, issues sur ce point de l'Antiquité.

À l'époque ancienne, les patriciens ou aristocrates ne travaillaient pas manuellement, mais réservaient les tâches matérielles à des plébéiens ou à des esclaves. Ils n'accordaient guère de valeur aux connaissances pratiques, préférant se consacrer à la politique, à la magistrature ou à la philosophie. Comme rentiers, ils disposaient de l'*otium* – même si en français ce mot a donné la négative « oisiveté », il correspond davantage à notre « loisir » ou « temps libre ». Les nobles dédaignaient le besogneux *nec-otium* (« pas de loisir ») ou « négoce ». Libres, les élites gréco-latines ne voulaient que s'occuper d'« arts libéraux » pour se cultiver et pour s'élever à la haute sphère des idées. Le Moyen Âge hérite largement de cette conception de la science, en syntonie avec la hiérarchie sociale : au-dessus, les nobles qui ne s'abaissent jamais au travail manuel et, au-dessous, les hommes « de main », justement.

Aujourd'hui, nous assistons au mouvement inverse : la plupart de nos contemporains préfèrent les sciences « dures ». Des études en commerce ou en ingénierie ouvrent des carrières aussi bien rémunérées que socialement considérées. Même exigeantes et honorables, elles ne devraient pas empêcher l'intérêt pour les humanités. Au prix d'un indéniable appauvrissement intellectuel, la société néglige trop souvent la gratuité de la philosophie, de l'histoire, de la littérature ou de l'art, garants d'un véritable épanouissement personnel et d'un équilibre social et politique. De ce point de vue, les anciens et les médiévaux sont admirables. Ils avaient compris…

Goût des classiques

Avant les années 1300, seuls les clercs peuvent effectuer des études supérieures et s'adonner à une quête intellectuelle intense. Ils ont intégré le clergé au cours d'une cérémonie où ils reçoivent au moins l'ordre mineur de portier, lecteur ou exorciste, qui ne les empêche pas, s'ils le souhaitent, de se marier. Après quelques années, ils pourront être ordonnés diacres et prêtres pour exercer des tâches pastorales ou de gouvernement dans l'Église. Les clercs se distinguent nettement de leurs concitoyens. Ils portent des habits sombres spécifiques, ainsi que la tonsure.

Il existe bien des étudiants laïcs, surtout à partir du XIVe siècle. Si les femmes ne peuvent pas accéder à la cléricature – et donc entreprendre des études supérieures de façon institutionnelle –, elles se forment néanmoins à la médecine auprès de praticiens afin d'ausculter les femmes qui refuseraient de l'être par un homme. Au Moyen Âge, la forte proportion de clercs parmi les intellectuels coïncide avec la prééminence de la théologie sur toutes les autres sciences.

Les savants médiévaux admirent profondément les acquis de l'Antiquité, qu'ils entendent perpétuer. Ils inventent le mythe du « transfert du savoir » (*translatio studii*) depuis la Grèce vers Rome, puis, à partir du Moyen Âge, vers l'Europc atlantique[1]. Leur christianisme est profondément romain, ne serait-ce que par le latin, langue « véhiculaire » ou universelle, qu'ils utilisent exclusivement pour l'enseignement supérieur et pour l'écriture, avant que, à partir du XIIe siècle, la langue « vernaculaire » ou régionale, parlée au quotidien, ne commence à être couchée sur parchemin et papier.

Au début du Ve siècle, Augustin d'Hippone, dont la pensée influence en profondeur la Chrétienté médiévale, dit toute son admiration envers le savoir gréco-latin. Il conseille aux chrétiens de se servir de la philosophie des anciens et de lire Platon, le plus idéaliste et spirituel d'entre eux. Selon lui, ils suivront ainsi l'exemple des Hébreux qui avaient raflé les trésors d'Égypte lors de leur fuite de l'esclavage et qui s'en étaient servis pour le culte divin dans leur traversée du désert[2]. Le savoir antique passionne les médiévaux. Nous sommes loin des cervelles vides !

Parmi ces savants férus de philosophie grecque et romaine, il y a Bernard, écolâtre ou responsable d'enseignement à la cathédrale de Chartres vers 1100. Durant ses cours, ce dernier compare les érudits de sa génération à des « nains juchés sur les épaules de géants[3] », qui tirent profit du travail de leurs prédécesseurs pour voir plus loin qu'eux. La métaphore résume autant l'humilité intellectuelle des clercs médiévaux que leur attachement à la science ancienne. Le grand savant Jean de Salisbury (v. 1115-1180), qui deviendra un jour évêque de Chartres, a peut-être suivi les cours de Bernard dont il se fait l'écho. Il va jusqu'à écrire que « le monde latin n'a rien porté de plus grand que Cicéron[4] », l'orateur romain dont l'éthique lui plaît autant que la qualité d'écriture.

Un autre philosophe stoïcien, Sénèque († 65), fascine tout autant les médiévaux. D'après le maître parisien Godefroy de Saint-Victor (v. 1125-1194), ses *Lettres à Lucilius* « doivent être placées tout juste après l'Évangile[5] ». Même l'œuvre du sulfureux Ovide, accusé de son temps « d'enseigner l'obscène adultère[6] », est recopiée dans les monastères pour la qualité de son latin, certes « moralisée », comme on dit alors, ou expurgée de ses passages les plus érotiques.

En définitive, il n'a pas fallu attendre le XVIe siècle pour que « renaisse » l'admiration pour les auteurs païens grecs et latins. L'accusation d'un Moyen Âge renonçant à l'héritage intellectuel des anciens – y compris incendiant les bibliothèques ! – est infondée. Au contraire, c'est au cours de cette période que les classiques ont été le plus copiés pour être à jamais préservés.

Supériorité des arts libéraux, de la philosophie et de la théologie

Le Moyen Âge emprunte à l'Antiquité la classification de la science en sept arts libéraux. Au début du Ve siècle, l'encyclopédiste Martianus Capella raconte le mariage de Mercure, dieu des sciences, à Philologie, une mortelle passionnée d'études[7]. Pour ses noces, le futur mari transforme sa fiancée en déesse. Après cette apothéose, il lui offre sept demoiselles d'honneur, devenues l'allégorie du *trivium* et du *quadrivium*. Les trois premiers arts relèvent du langage : grammaire, rhétorique et dialectique ; les quatre autres, des sciences au sens strict : arithmétique, géométrie, musique et astrologie.

Au début du Moyen Âge, le *quadrivium* n'aboutit guère qu'à une recherche empirique qui apporterait immédiatement des progrès techniques. Ceux qui étudient les quatre sciences cherchent plutôt à comprendre la signification des nombres, des formes, des mélodies ou des constellations dans une perspective philosophique et théologique. L'arithmétique, la géométrie, la musique et l'astrologie doivent trouver un sens au monde, plutôt que des solutions techniques pour le bien-être matériel de l'humanité.

Les arts libéraux préparent l'élève à la philosophie, science des réalités abstraites, que la vue ne perçoit pas immédiatement. Cette métaphysique est le préalable indispensable à la théologie, l'étude de Dieu et des vérités surnaturelles, réputée pour être le sommet de toute recherche intellectuelle au Moyen Âge. Il ne faudrait cependant pas considérer ce savoir comme inutile pour le développement ultérieur de la pensée.

Les clercs médiévaux soumettent la Bible à une critique exigeante. Révélée par Dieu et donc infaillible selon eux, ils considèrent que l'homme qui l'a mise par écrit évolue dans un cadre différent du leur. C'est par un esprit critique en éveil que le livre sacré doit être interprété dans son contexte rhétorique et historique. Il en va de même avec les déclarations des conciles, des papes et des évêques, dont les clercs notent parfois les contradictions apparentes, qu'ils essaient de comprendre et de surpasser.

Le monde clérical s'adonne avec passion au débat. Il n'est absolument pas étouffé par un prétendu carcan de la pensée, dont les Lumières auraient libéré la raison humaine.

Dans le *scriptorium* monastique

Au Moyen Âge, le savoir mérite du soin. Et du temps. Jusqu'au XIIe siècle, l'essentiel des sciences est préservé dans les abbayes. Loin des villes, les moines y cherchent la solitude ou le « désert ». Certains d'entre eux copient à longueur de journée des classiques latins, des livres liturgiques et des œuvres des Pères de l'Église, les penseurs chrétiens de l'Antiquité. Dans le *scriptorium*, la pièce réservée aux scribes ou copistes, ils élaborent les superbes manuscrits, souvent enluminés de miniatures, dont la beauté continue de nous éblouir aujourd'hui. Leur travail est long, voire pénible : l'épaule et le coude souffrent, le mal au dos guette, en hiver, les doigts s'engourdissent et l'encre gèle parfois. Il en faut de l'amour des livres pour mettre ainsi le corps à rude épreuve !

Une première copie est produite dans la bibliothèque d'un autre monastère sur des tablettes de cire, hâtivement griffonnées au stylet à l'aide de nombreuses abréviations. Elle sera reproduite avec soin sur parchemin, matériau précieux de peaux animales finement tannées. Plié et découpé, celui-ci se présente comme un cahier, déposé sur un lutrin. Sur chaque feuillet, sont tracées des réglures à la mine de plomb, qui aideront à écrire droit. Des espaces vides pour les lettrines ornées et les enluminures y sont parfois réservés. Le copiste applique soigneusement de l'encre à l'aide de calames ou de plumes. Le geste de la calligraphe est lent et appliqué, à l'inverse de l'instantanéité du numérique du XXIe siècle. Il sépare chaque lettre, dont la forme carrée ou arrondie rappelle aussi bien l'art roman que nos majuscules. Les feuillets sont enfin reliés pour en faire un livre.

Le *codex*, qui remplace le rouleau ancien en papyrus, est un facteur de progrès. Bien plus facile à manier, il permet de tourner les feuillets ou de retrouver rapidement un passage à l'aide de signets, de tables et d'index. Extrêmement chers, les livres sont vendus ou offerts à d'autres établissements ecclésiastiques, mais aussi aux châteaux. Ils ont permis à la culture latine de perdurer jusqu'à aujourd'hui. Ces manuscrits, parfaitement calligraphiés et ornés de magnifiques enluminures, contiennent des trésors du savoir humain. Il suffit de les admirer un instant pour que se dissipe aussitôt l'idée d'un Moyen Âge frustre.

Le rapport du moine à l'écriture et à la lecture relève davantage de la méditation que de la réflexion logique et encore moins de l'usage pragmatique. Dans le prologue de sa règle, suivie partout en Occident, Benoît de Nursie (v. 480-547) définit le monastère comme une « école du service divin[8] », où les études sont orientées vers la liturgie. Parmi les arts du *trivium*, cette culture monastique opte pour la grammaire et la rhétorique, synonymes d'une expression latine châtiée, plutôt que pour la dialectique ou argumentation rigoureuse. Elle encourage la musique et la poésie. Elle tient l'histoire du salut – depuis la Création jusqu'à la fin des temps, avec l'avènement du Christ en point culminant – pour supérieure à la philosophie. Elle se fonde sur la lecture, la glose et l'exégèse de la Bible, de la patristique et des autres textes de la tradition. Au nom d'une « sainte simplicité », elle considère que la théologie n'est pas tant une réflexion abstraite qu'une contemplation[9].

La renaissance du XIIe siècle

Les invasions germaniques n'ont pas été si « barbares » que le voulaient les Romains. Elles n'ont pas anéanti les écoles qui ont perduré tout au long du Haut Moyen Âge, en particulier dans les monastères. Elles ont connu un essor notable du temps de Charlemagne[10]. Or, à partir du XIIe siècle, le savoir quitte le cloître rural pour l'école urbaine. Le développement des villes attire de nombreux enseignants et étudiants qui conçoivent la science autrement que dans les abbayes. Contrairement aux moines, les nouveaux intellectuels urbains préfèrent la spéculation au mystère, la dialectique à la grammaire, l'abstraction à la glose et le débat à l'autorité. Ce sont des tenants de la scolastique où tout argument doit être passé au crible de la raison et faire l'objet d'une longue discussion.

Selon la métaphore médiévale, l'érudit monastique du Haut Moyen Âge souhaite glaner – comme Ruth, la pauvre et étrangère ancêtre du roi David – les épis abandonnés par les moissonneurs, c'est-à-dire les Pères de l'Église primitive. Après 1100, le clerc des écoles urbaines choisit une autre image : il prétend voir au loin pour progresser dans la pensée, certes toujours sur les épaules des géants qui l'ont précédé. Il invente, du reste, le mot « modernité », *modernitas* en latin, le faisant dériver de l'adverbe *modo*, « maintenant », ou de l'adjectif *modernus*, « récent, actuel ».

Au XIIᵉ siècle, il y a bien une « Renaissance ». Les penseurs relisent plus que jamais les classiques, tout en ouvrant d'immenses chantiers au savoir. Le nombre des écoles connaît une croissance exponentielle. Ce renouveau est porté par une invention capitale : le papier. Quoique découverte en Chine au Iᵉʳ siècle, la feuille à base de pâte de cellulose n'arrive en Europe qu'un millénaire plus tard. En 1142, à l'occasion de son voyage dans les royaumes chrétiens du nord de la péninsule Ibérique, Pierre le Vénérable, abbé de Cluny, aperçoit, pour la première fois, des manuscrits du Talmud, les commentaires des juifs à la Loi, « formés de morceaux de chiffons ou d'une matière encore plus vile[11] », papier grossier qu'il oppose dédaigneusement au plus digne parchemin des livres sacrés du christianisme.

Une dizaine d'années plus tard, le géographe Muhammad al-Idrisi loue la qualité du papier qu'on fabrique plus au sud, dans le khalifat almohade, à Xàtiva, près de Valence, « commercialisé aussi bien en Occident qu'en Orient[12] ». À partir du XIIIᵉ siècle, ce support révolutionnaire de l'écrit se diffuse considérablement dans le pourtour méditerranéen d'abord et dans le nord de l'Europe ensuite. Il est bien meilleur marché que le parchemin, qu'on réserve désormais aux manuscrits les plus luxueux.

Fondation des universités

Dès le XIIe siècle, le nombre de copistes professionnels augmente en ville. Ce sont pour la plupart des laïcs, hommes et femmes. Leur production de manuscrits s'accélère. Elle intervient à la chaîne grâce à la technique de la *pecia*, du nom du cahier en papier non encore relié, que plusieurs scribes copient à la fois. Leur geste est devenu rapide, à l'image de leur écriture gothique ou anguleuse, qu'on dit « cursive » (du latin *currere*, « courir »). En effet, leur main ne se lève plus entre chaque lettre qu'elle unit d'un trait ou ligature.

Désormais les maîtres urbains ont largement accès aux livres, naguère réservés à quelques monastères. En cours, ils les lisent et ils les commentent ; le mot « leçon » (*lectio* en latin) provient précisément de cette lecture. La diffusion du papier permet à leurs élèves de prendre et de conserver des notes. L'écrit est bien plus répandu au Moyen Âge qu'une fausse idée ne le ferait accroire. Il n'a pas fallu attendre l'invention de l'imprimerie, ni *a fortiori* de l'informatique, pour qu'il se vulgarise !

La liturgie des cathédrales des villes épiscopales est assurée par une douzaine de chanoines, qui mènent une vie commune, étudient ensemble et instruisent quelques élèves. L'un d'entre eux, l'écolâtre, ou parfois le chancelier, a reçu des pouvoirs de l'évêque pour délivrer, en fin de cursus, la licence (*licencia docendi*, au sens propre « permission d'enseigner »), autorisant celui qui est devenu maître (*magister*) à faire, à son tour, des cours et à prêcher. Dès les années 1100, l'afflux d'étudiants vers les villes épiscopales est tel que la cathédrale ne suffit plus à assurer les enseignements. Désormais, chaque maître regroupe autour de lui des disciples qui le rémunèrent pour sa prestation. La concurrence entre ces professeurs peut devenir rude.

Les mésaventures du génial Abélard

Pierre Abélard est le plus célèbre des enseignants parisiens du XIIe siècle. Arrivé à Paris en 1110, il a vite fait d'attirer de nombreux élèves. Il dit avoir pris le goût du combat de son père, chevalier de l'arrière-pays de Nantes. C'est pourquoi il s'en prend à ses collègues, qu'il accuse, entre autres, de sophisme. Il est notamment en concurrence avec Guillaume de Champeaux, fondateur de l'abbaye de Saint-Victor, haut lieu d'enseignement sur la montagne Sainte-Geneviève. Son envie de briller et de prendre les élèves des autres professeurs lui attire bien des ennemis.

Sa notoriété pousse Abélard à cacher son mariage clandestin avec Héloïse, la plus douée de ses disciples, parce que le célibat correspond mieux à l'état du philosophe, qui ne saurait s'encombrer de femme et enfants. Héloïse mettra au monde leur fils, qu'ils appelleront Astrolabe en honneur aux progrès de la science. La famille fort huppée de la mariée ne pardonnera jamais à Abélard cette mésalliance secrète et ordonnera sa castration[13].

Abélard apporte beaucoup à la philosophie morale. Il accorde une place centrale à la conscience individuelle, seule juge sur la probité de chaque acte. Parce qu'ils l'ont suivie dans leur ignorance invincible, affirme-t-il, les bourreaux du Christ ou les persécuteurs des martyrs n'ont pas commis de péché en les tuant. Ils auraient, au contraire, fauté s'ils n'avaient pas exécuté une sentence dont le bien-fondé leur semblait évident[14]. Cette insistance nouvelle sur la morale d'intention permet des progrès considérables à l'éthique et au droit.

Abélard érige la dialectique en méthode absolue – la culture monastique traditionnelle négligeait ce troisième art du *trivium*. En dépit de sa traduction partielle en latin par Boèce (v. 480-524), l'oubli de l'œuvre logique d'Aristote avant le XIIe siècle correspond bien à cette tournure d'esprit davantage symbolique qu'argumentative. À l'opposé, l'essor des écoles urbaines met au goût du jour la disputation – la discussion théologique – entre intellectuels. La dialectique pèse ainsi les arguments contradictoires, la thèse et l'antithèse, pour aboutir à une synthèse.

À lui seul, le titre *Oui ou non* du principal ouvrage d'Abélard résume l'opposition entre les assertions en apparence contradictoires des principaux théologiens, que le maître essaie de dépasser à la suite d'une discussion animée avec ses collègues et disciples. Ensemble, ils parviennent à des convictions, bien plus solides que les jugements à l'emporte-pièce qu'on assène si souvent de nos jours dans le débat public. La méthode adoptée par les penseurs à partir du XIIe siècle dément clairement le prétendu dogmatisme médiéval !

À la fin du Moyen Âge, encouragés par la royauté, les maîtres de Paris affirment leur autorité au détriment des autres cités. Ils attirent de nombreux étudiants vers la rive gauche – ou quartier « latin », du nom de leur langue d'enseignement – de la capitale capétienne, qui est devenue, vers 1190, la ville la plus peuplée et prospère de l'Occident avec ses quelque cent mille habitants. En 1200, afin de protéger l'« association » (en latin *universitas*) des professeurs et leurs élèves, le roi Philippe Auguste leur accorde de nombreux privilèges – ils échapperont notamment à la justice municipale, souvent hostile à ces jeunes turbulents, pour dépendre du seul tribunal épiscopal, moins sévère.

Quinze ans plus tard, en 1215, le cardinal Robert de Courçon octroie à l'Université de Paris des statuts propres au nom du pape Innocent III. Elle est organisée en une faculté des Arts préparatoire et en trois facultés supérieures : Théologie, Droit canonique et Médecine. Ses étudiants vivent dans des collèges qui leur assurent un suivi scolaire. La plus célèbre de ces résidences est fondée par Robert de Sorbon, chapelain de Saint Louis, pour accueillir des clercs pauvres ; on l'appellera la « Sorbonne[15] ». À l'époque, d'autres universités voient le jour partout en Occident : Oxford, Salamanque, Cambridge, Toulouse, Montpellier[16]… En Italie, où brillent Bologne, Padoue et Naples, elles sont particulièrement nombreuses en raison du dynamisme des écoles cathédrales depuis la fin de l'Empire romain.

Le mythe de l'ignorance médiévale est donc sans fondement. La période a non seulement préservé les acquis de la culture gréco-latine, mais elle les a considérablement enrichis. Elle a mis sur pied un système universitaire qui perdure de nos jours. La curiosité intellectuelle est immense au Moyen

Âge. Elle est enracinée dans une quête exigeante de la vérité.

À partir du XIIe siècle, réflexion, débat et expérimentation sont le lot des intellectuels urbains. Fondé sur la dialectique et la logique, leur esprit critique les encourage à une constante remise en cause, mais toujours respectueuse du savoir ancien.

L'érudition des clercs se diffuse du sommet à la base, comme par percolation, jusqu'aux nobles et bourgeois laïcs, dont les études s'élargissent et s'allongent[17]. Enfin, savants et marchands sillonnent les routes et la Méditerranée pour importer et adapter les grandes découvertes intellectuelles de l'Orient. L'ouverture au monde de l'Occident médiéval est remarquable.

10.

Le Moyen Âge encourage le fanatisme

Les vikings sont à la mode. Des films et séries à leur gloire envahissent nos écrans. On y voit des aventuriers courageux issus d'un monde boréal et sain, nullement contaminé par le christianisme méditerranéen. À suivre leurs aventures cinématographiques, ils pratiquent un paganisme tolérant et syncrétiste, ouvert à toute croyance et respectueux des autres religions. Leurs rites – y compris les sacrifices humains ! – ont une signification profonde et une indéniable portée esthétique.

Le cinéma ne nous sert pas seulement une vision inexacte du paganisme, mais du christianisme. Sur les écrans, face au bon païen scandinave, s'érigent des évêques et prêtres fanatiques qui imposent par des moyens dévoyés le christianisme, croyance monothéiste et donc exclusive. Gros et gras, ils s'approprient avidement les richesses et les terres d'autrui. Hypocrites et manipulateurs, ils ne s'intéressent qu'au pouvoir. Intolérants et rigides, ils rejettent toute autre religion que la leur. Si quelques Scandinaves décident de les suivre et de se convertir, c'est davantage à cause de leur opportunisme politique ou de leurs frustrations[1].

Selon les scénaristes des séries à succès, le christianisme se serait imposé au début du Moyen Âge par les biais les plus tortueux. C'est un accident contre nature qui entraînera le pire des fanatismes : contrôle social par le clergé, abus sur les consciences, Inquisition, croisades... Pour le grand bonheur de l'humanité, dit-on, les tenants des Lumières et leurs émules seraient depuis parvenus à « écraser l'infâme », incarné par le christianisme médiéval. Libérée de son emprise, la modernité s'épanouirait enfin !

À en croire la fiction, l'influence de quelques missionnaires retors sur des esprits faibles aurait permis au christianisme de triompher sur les chefs païens. La conversion forcée du reste de la population aurait parachevé leur œuvre. Certes, quelques périodes médiévales ont fait preuve d'intransigeance religieuse et ont pu se montrer violentes. Il serait absurde de le nier afin d'idéaliser le Moyen Âge. Mais il serait tout aussi inexact d'aborder la question du religieux au prisme de la laïcité, une notion qui n'existe pas à l'époque. On ne peut pas comprendre la mentalité médiévale sans ceci : la religion infuse la société, façonne l'état d'esprit et les comportements. Société et religieux sont étroitement liés. Et pourtant, cette imbrication, lentement, se fissure. Cela prendra des siècles, et provoquera des bains de sang, mais la faille est bien là et ne cessera de s'élargir, jusqu'à la séparation de l'Église et de l'État, actée en France par la loi de 1905.

Jamais la laïcité n'aurait été possible sans les penseurs médiévaux.

Le christianisme devient Chrétienté

L'évangélisation a été un long processus… Les premiers chrétiens furent persécutés par les Romains. Mais, au IVe siècle, la situation se renverse : l'empereur soutient le christianisme et le favorise. Il ne peut cependant l'imposer par la seule contrainte, car le christianisme rejette le baptême forcé[2]. Selon l'enseignement de son fondateur, il se doit de respecter la liberté de conscience.

Dans le polythéisme traditionnel, l'empereur romain était le « souverain pontife » (*pontifex maximus*) dont la personne ne faisait pas seulement le « pont » entre les dieux et son peuple, mais entre toutes les religions. Ses magistrats étaient membres des collèges sacerdotaux. Avec eux, il accomplissait les principaux sacrifices aux dieux qui, en contrepartie, assuraient la victoire, la paix et la prospérité. L'empereur faisait l'objet d'une adoration qui unissait en sa personne les nations et les religions fort diverses composant l'Empire. Profondément enraciné dans les mentalités et les pratiques, le mélange inextricable du sacré et du profane ne disparaît pas aussitôt par la conversion au christianisme des cadres politiques. Sous des formes de plus en plus mitigées, il persiste jusqu'à la fin du Moyen Âge.

Par opposition au paganisme, l'Évangile rejette la vision traditionnelle du pouvoir divinisé. Les premiers chrétiens refusent, par exemple, d'adorer l'empereur comme un demi-dieu ou de participer au culte traditionnel de la cité. De plus, l'enseignement du Christ distingue, de façon claire et nette, le temporel du spirituel. « Il faut rendre à César ce qui est à César, et à Dieu ce qui est à Dieu » (Matthieu 22, 21, Marc 12, 17, Luc 20, 25) apparaît comme la règle d'or de la conception politique du Christ. Jésus refuse qu'on confonde son action avec la restauration messianique de la grandeur d'Israël. Au cours de son procès, il dit sans ambages à Pilate : « Mon royaume n'est pas de ce monde. » (Jean 18, 36) À l'encontre des conceptions religieuses de l'Antiquité, le message du Christ tend à exclure le religieux du domaine des pouvoirs constitués. Il le transforme en « spiritualité », relevant de la conscience individuelle.

C'est au titre de cette émancipation du sacré que le philosophe et historien Marcel Gauchet a pu développer sa thèse stimulante sur le « désenchantement du monde » que le christianisme – « religion de la sortie de la religion » – dégage progressivement de la divinisation panthéiste de la nature, des pouvoirs établis et de la hiérarchie sociale[3].

La chute de l'Empire romain d'Occident au ve siècle et l'effacement des autorités établies accordent de larges pouvoirs aux évêques, auxquels est souvent confiée l'administration des cités et de leur arrière-pays. Leur gestion de la vie civique leur confère une influence indéniable sur l'ensemble de la société. Ils obtiendront la conversion des cadres des royaumes germaniques, fascinés par la grandeur passée de Rome devenue chrétienne. Le reste de la population suivra, ne serait-ce que par pression sociale[4]. Le christianisme réussit d'autant mieux qu'il n'a pas tant cherché à imposer une culture extérieure aux nouveaux convertis qu'à s'adapter à la leur, préférant « s'inculturer » plutôt qu'« acculturer ».

La conversion généralisée des royaumes issus du morcellement de l'Empire romain donne au christianisme du Moyen Âge une place singulière, qu'il n'a jamais connue à aucun autre moment de l'histoire. Cette spiritualité devient alors Chrétienté, une organisation politique et sociale englobant bien des aspects de la vie collective. Au ve siècle, tandis que l'Empire romain s'effondre, la nouvelle foi occupe une place centrale dans la vie publique, selon un modèle hérité de l'Antiquité préchrétienne.

Si le Christ refuse toute immixtion de César dans le domaine de Dieu, la réalité que rencontrent ses disciples au début du Moyen Âge est tout autre. À leur peuple, les rois germaniques apparaissent comme des demi-dieux menant leurs hommes à la victoire. Ils ne peuvent, du reste, se passer du service du haut clergé chrétien, détenteur du savoir ancien. Issu de l'aristocratie sénatoriale et « élu par le clergé et le peuple », l'épiscopat assume désormais le gouvernement local à la place des magistrats romains. La défense des villes, la levée de l'impôt, l'éducation des élites et l'assistance aux pauvres lui sont déléguées. Le clergé est d'autant plus omniprésent dans la vie publique qu'il est imprégné de la philosophie stoïcienne qui proposait aux dirigeants romains une éducation rhétorique poussée et une éthique irréprochable.

L'épiscopat peut intervenir « en raison du péché » (*ratione peccati*) dans la vie de l'empereur, du roi ou du prince territorial. Il pourra les punir d'excommunication et de pénitence publique. Ces peines spirituelles dotent les évêques d'un pouvoir indéniable, les poussant à intervenir dans les affaires civiles.

Ainsi, Augustin d'Hippone (354-430) rédige la *Cité de Dieu*, réflexion sur la concorde qui doit prévaloir entre les institutions publiques et l'Église. À le suivre, il revient à l'empereur d'instaurer la justice et la paix sur terre pour que le clergé puisse s'occuper prioritairement du soin des âmes[5]. Cette philosophie ne résiste pas à la fin de l'Empire romain d'Occident, au morcellement des pouvoirs et au rôle politique accru de l'épiscopat. Elle cède le pas à la « théocratie », préconisant la supériorité du clergé sur la royauté, la Bible en tant que source de loi et la priorité du droit canonique sur le droit civil.

Charlemagne césaropapiste

À Noël 800, par son sacre et son couronnement à Saint-Pierre de Rome, Charlemagne restaure l'Empire latin au détriment des Byzantins. Son règne devient une exception à la théocratie, qui mettait jusqu'alors l'autorité des évêques au-dessus du pouvoir impérial et royal. Il est « césaropapiste », accordant un large pouvoir à l'empereur sur l'Église. Il intervient sans cesse dans le domaine religieux pour mieux asseoir son gouvernement sur une Chrétienté homogène. En la matière, sa législation est étendue : baptême forcé des Saxons, nomination des évêques, surveillance de la moralité du clergé, réunion des conciles, querelle iconoclaste... L'empereur devient intrusif dans le domaine sacré, à la manière de ses prédécesseurs de l'ancienne Rome païenne qu'il admire tant.

Charlemagne a même exigé que la liturgie romaine prévale dans toutes les églises d'Occident au détriment des rites locaux, si nombreux et divers jusqu'alors. À la longue, cette mesure autoritaire sera à l'origine des grandes créations de la musique européenne, dont les compositeurs ne sauraient se passer des partitions. Vers 800, en effet, les notations musicales sont rendues obligatoires pour fixer par écrit les mélodies et cantiques liturgiques qui devront être interprétés partout à l'identique.

Au siècle suivant, Gui d'Arezzo (992-1050) perfectionne ce système de notation. Aussi paradoxal que cela puisse paraître, les symphonies du XIXe siècle, qui comptent parmi les plus hautes créations du génie humain, n'auraient jamais vu le jour sans l'autoritarisme du plus « moyenâgeux » des empereurs. Grâce à lui, en Occident, la musique est, depuis plus d'un millénaire, couchée par écrit.

La situation change cependant au XIe siècle. Parce qu'elle entend supprimer l'autorité de l'empereur, du roi et de tous les princes territoriaux sur l'Église, la réforme grégorienne marque un point de bascule. Son nom vient de Grégoire VII, pape entre 1073 et 1085, grand promoteur de la « liberté de l'Église » face aux gouvernants laïcs. La papauté se bat alors contre l'empereur romain-germanique qui tient à « investir » de son évêché le prêtre nouvellement élu à cette charge, en lui accordant lui-même la crosse et l'anneau, symboles de l'autorité épiscopale. Le pape sort vainqueur de cette « querelle des investitures », tandis que l'empereur Henri IV s'agenouille, pénitent, devant Grégoire VII à Canossa, en janvier 1077. Sous le pontificat d'Innocent III (1198-1216), la papauté rayonne plus que jamais, y compris dans son influence temporelle. Au XIVe siècle, elle perd toutefois ce pouvoir. Reléguée pendant un siècle à Avignon, elle cède définitivement aux puissantes monarchies nationales.

Hérésie et dissidence

Dans la Chrétienté médiévale, la religion touche presque tous les aspects de la vie sociale. Chacun la considère indispensable pour atteindre le salut éternel qui est certes individuel, mais toujours à l'intérieur de l'Église, la communauté chrétienne dans son ensemble. Puisque, à l'époque, tout le monde reçoit le baptême, l'Église se confond avec la société occidentale, gouvernée par un roi chrétien. C'est pourquoi l'unité politique et l'unité religieuse sont alors indissociables. Il n'est nullement question de fanatisme, mais de liens très étroits entre le religieux et le sociétal. Rappelons qu'à l'époque la démocratie n'existe pas, pas plus que les lois qui distingueront en Europe les domaines d'action respectifs de l'Église et de l'État… La conduite du collectif est donc guidée dans le cadre exclusif de la Chrétienté.

L'accusation de fanatisme a été largement relayée par la romantisation du mouvement hérétique. Trop souvent, on distingue les affreux en soutane et les valeureux rebelles. Or, le mouvement hérétique fait saillir l'intransigeance d'une telle imbrication du sacré et du politique, hérité du paganisme civique de l'Antiquité. À l'encontre d'une Chrétienté unique, les hérétiques optent volontairement et publiquement pour une théologie contraire au dogme défini par l'Église. Aux yeux de nombre de leurs contemporains, aussi bien laïcs qu'ecclésiastiques, leur obstination ne met pas seulement en danger la destinée éternelle des individus. Elle fomente aussi conflits, luttes et guerres[6]. À en croire leurs détracteurs, les hérétiques remettent en cause l'organisation sociale, ne serait-ce que par leur critique du mariage, de la procréation ou du serment qui fonde tout le système féodal. Les rois et les princes territoriaux ne permettent pas de telles dissidences. Car l'unité religieuse leur apparaît comme une condition *sine qua non* de la stabilité sociale, de l'ordre public et de la paix intérieure.

À partir de l'an mil, la répression de l'hérésie par les autorités devient plus forte que jamais. Nier ce côté sombre du Moyen Âge serait contraire à la vérité historique. C'est en 1022 qu'est allumé le premier bûcher de l'histoire de l'Occident médiéval. Cette année-là, à Orléans, Robert II fait brûler une douzaine de chanoines de la cathédrale, accusés de remettre en cause l'Église institutionnelle et ses sacrements. Le roi de France, écrit-on alors, a pris cette décision radicale « parce qu'il craignait vraiment la ruine de la patrie et la mort des âmes[7] ». Ce témoignage d'un chroniqueur contemporain des événements exprime clairement le principe de l'unité du politique et du religieux, de l'ordre social et du salut éternel – aussi évident pour les médiévaux qu'étranger à notre propre perception du monde.

Au XIIe siècle, des hérésies similaires à celle d'Orléans se diffusent dans le nord de l'Italie et en Languedoc. Elles se voient parfois accoler l'étiquette facile, mais inexacte, de « cathares » (du grec, « purs »). Elles insistent sur la corruption et la richesse de l'Église, sur l'inutilité de ses sacrements et sur le mal inhérent à la matière[8]. Dans un premier temps, des campagnes de prédication sont menées contre elles, notamment par Bernard de Clairvaux et les cisterciens, et ensuite par Dominique de Guzman et ses disciples dominicains qui adoptent le genre de vie austère et itinérant des « parfaits » ou ministres cathares.

L'Inquisition et son royal promoteur

L'Inquisition est évidemment contraire à l'essence même de l'Évangile. Elle semble apporter de l'eau au moulin des partisans d'un Moyen Âge fanatique. C'est oublier qu'elle est née il y a presque mille ans dans un contexte historique qui diffère beaucoup du nôtre. Devant l'échec apparent des prêches et missions face à l'hérésie, l'épiscopat local met sur pied l'Inquisition dont la papauté confiera par la suite les tribunaux aux dominicains en France et aux franciscains en Italie. Le but de cette « enquête » (*inquisitio* en latin) est de traquer les hérétiques et d'obtenir leurs aveux en vue de leur repentir et de leur retour dans l'Église. Si toutefois ils récidivent, ils sont livrés au « bras séculier », aux tribunaux civils qui imposent des peines, notamment l'emprisonnement et, dans de rares cas au Moyen Âge, le bûcher.

Le développement de l'Inquisition est concomitant de celui de l'État de type moderne. Dans la répression de l'hérésie, les rois font de la surenchère, tandis qu'ils renforcent leur pouvoir, leur administration et leurs moyens de contrôler la société. Ils entendent empêcher toute dissidence religieuse, qu'ils considèrent fauteuse de troubles. À la fin du XIIe siècle, Louis VII de France, Henri II d'Angleterre et l'empereur Frédéric Barberousse s'attaquent aux hérétiques avec une violence impitoyable, que leur reproche explicitement le pape Alexandre III. « Il est plus prudent et moins mauvais d'absoudre les coupables que de condamner la vie d'innocents au nom de la sévérité ecclésiastique », conseille-t-il à l'archevêque de Reims, frère du roi de France[9].

Au service de la royauté, le droit romain en pleine renaissance transforme l'hérésie contre la foi en crime de lèse-majesté ou trahison contre le roi, passible de la peine capitale. Il introduit la torture dans les tribunaux civils et, en moindre mesure, dans l'Inquisition. En 1307, Philippe le Bel, avide de pouvoir, lance le procès des templiers en dépit des réticences du pape Clément V. Le tribunal d'Inquisition qui juge Jeanne d'Arc à Rouen, en 1431, est lui aussi soumis à la royauté – en l'occurrence anglaise. Ce sont les détenteurs du pouvoir monarchique qui répriment avec le plus de dureté la déviance religieuse[10].

La prétendue Renaissance ne supprime pas l'Inquisition, mais la fomente. La modernité accroît la puissance de l'État et, avec elle, la persécution de toute dissidence religieuse. Dans la péninsule Ibérique, les Rois Catholiques et leurs successeurs obtiennent le patronage sur l'Église au détriment de la juridiction pontificale. Ils développent aussitôt les tribunaux inquisitoriaux pour imposer l'unité religieuse à leurs sujets. Ils condamnent à mort bien plus de protestants et de convertis au christianisme – qui continuent de pratiquer le judaïsme en secret – que ne l'avait fait le Moyen Âge avec les hérétiques. Leur répression évite les guerres de religion qui sévissent, au XVIe siècle, dans d'autres royaumes. Si elle se passe de l'Inquisition, la France voit le massacre de la Saint-Barthélemy, l'été de 1572, et les dragonnades dans les décennies qui suivent. Le Moyen Âge n'a pas l'apanage des violences religieuses. Sur ce point, la soi-disant modernité le surclasse largement.

La laïcité au sens moderne, qui cantonne le religieux dans le domaine privé, est étrangère à la théorie politique et aux mentalités collectives du Moyen Âge. Les intellectuels de la période n'en préparent pas moins l'avènement. Ils n'ont jamais oublié que le Christ a nettement distingué la domination de Dieu de celle de César. À la fin du ve siècle, le pape Gélase Ier rappelle à l'empereur qu'il existe deux principes au monde, « l'autorité (*auctoritas*) sacrée des pontifes et la puissance (*potestas*) régalienne[11] » : de nature affective, la première se veut certainement plus prestigieuse que l'impériale, répressive.

Tout au long du Moyen Âge, la distinction entre le temporel et le spirituel continue d'être rappelée. Autour de 1200, Innocent III la développe ainsi :

> « Il y a deux puissances, à savoir l'ecclésiastique et la mondaine, l'une qui règle les affaires spirituelles et l'autre, les charnelles, celle-là par les clercs, et celle-ci par les laïcs : ainsi celle-là peut se charger des affaires relatives à l'âme, et celle-ci des terrestres concernant le corps[12]. »

Les principes théoriques de la séparation de l'Église et de l'État remontent bien au Moyen Âge. Mais leur application pratique et concrète n'intervient en Europe qu'à l'époque contemporaine. Cependant la laïcité n'aurait jamais été possible sans la réflexion des penseurs médiévaux.

Conclusion

Accusé Moyen Âge, levez-vous ! Le verdict tombe enfin. Les dix chefs d'accusation sont rejetés un à un. Misogynie, oppression, ignorance, fanatisme… Aucune des charges n'est retenue. Les attendus du jury contiennent même un éloge soutenu du prévenu. La période n'a pas seulement préservé la culture antique, en copiant soigneusement les chefs-d'œuvre latins. Elle a créé une riche littérature dans les langues romanes et germaniques en pleine expansion. Elle a fondé partout des universités. Elle a innové sur le plan technique : maîtrise accrue de la force hydraulique, haut-fourneau et fonte, voûte d'ogive, diffusion du papier, comptabilité à partie double, partition musicale, lunettes…

La liste des inventions pourrait être plus longue. Celle des progrès sociaux aussi… À commencer par la disparition de l'esclavage rural. Les villes ont été organisées en communes libres, dont les dirigeants, en tant que tiers état d'assemblées représentatives, négocient le montant de l'impôt versé au roi. Enfin, sur le plan politique, la distinction entre le temporel et le spirituel pose les bases de la laïcité contemporaine.

L'État, Léviathan des temps modernes

La perfection n'est pas de ce monde. Plaider pour le Moyen Âge n'implique pas de nier ses défauts ou plutôt les pratiques qui rebutent notre sensibilité d'hommes et femmes du XXIe siècle. Comme dans toute société traditionnelle, la parenté, le quartier, la classe, la paroisse ou la confrérie y encadrent fortement l'individu. Ces sociabilités inclusives le protègent certes, l'insérant dans un groupe, qui le rassure au quotidien et le soutient dans la détresse. Elles peuvent néanmoins devenir pesantes et contraignantes, et même un facteur d'exclusion envers ceux qui n'en font pas partie.

Aux XIVe et XVe siècles, l'administration du roi, ses tribunaux et sa fiscalité gagnent du terrain au détriment de la seigneurie. C'est assurément un élément novateur au service des individus. L'État moderne n'en devient pas moins un monstrueux Léviathan, absolutisme broyant les corps intermédiaires au profit d'un pouvoir monarchique centralisé[1].

À l'époque médiévale, en revanche, de nombreux contre-pouvoirs entravent la puissance du roi qui jure, lors de son sacre, de respecter les libertés de ses sujets et les privilèges de leurs groupes.

S'il délivre l'individu des sociabilités traditionnelles et des communautés anciennes, l'État en construction homogénéise les modes de vie et pensées. Il produit, en conséquence, de nombreux exclus et marginaux : les hérétiques ou les sorcières ont été bien davantage persécutés aux XVIe et XVIIe siècles qu'au Moyen Âge. En histoire, le progrès, s'il existe, n'est jamais linéaire, mais il connaît bien des reculs.

Si le plaidoyer de la défense a obtenu l'acquittement unanime du Moyen Âge, c'est parce qu'aujourd'hui l'opinion publique n'est pas aussi défavorable envers lui qu'on aurait pu le croire de prime abord. La vision que s'en font nos contemporains n'est pas toujours noire, mais parfois bien rose[2]. Le romantisme a beaucoup contribué à l'idéalisation du Moyen Âge. En France, dans le *Génie du christianisme* (1802), Châteaubriand redonne le goût pour la civilisation et l'art médiévaux, tout en contrant la Révolution française, responsable de son exil, et le classicisme qu'il juge trop fade.

Du romantisme aux reconstitutions festives

Publié en 1831, *Notre-Dame de Paris* de Victor Hugo est issu du même mouvement romantique qui revalorise le Moyen Âge. Le 15 avril 2019, l'émotion universelle provoquée par l'incendie de la cathédrale éponyme tient beaucoup au succès du roman et de ses adaptations cinématographiques. Notre-Dame a été largement restaurée par Viollet-le-Duc, contemporain d'Hugo. L'architecte doit cette commande, en 1843, à son ami d'enfance l'écrivain Mérimée, l'un des premiers inspecteurs généraux des Monuments historiques, qui sauve de la destruction bien des châteaux et églises romanes et gothiques.

En 1819, en Écosse, Walter Scott publie *Ivanhoé*, lançant la mode du roman historique d'ambiance médiévale. Plus au sud, en Angleterre, les peintres préraphaélites entendent se libérer du dessin classique pour imiter l'art médiéval. Outre-Rhin, Wagner revisite dans ses opéras la légende de Tristan et du Graal, ainsi que les mythes germaniques du Moyen Âge. Nombre de romanciers, artistes et musiciens romantiques trouvent une source d'inspiration inépuisable dans le millénaire médiéval qu'ils regardent avec sympathie. Cette tradition ne s'est jamais arrêtée depuis le XIXe siècle.

De nos jours, des manifestations bien plus « populaires » que le roman, la peinture ou l'opéra prouvent qu'une perception optimiste du Moyen Âge est largement partagée. Le chantier en cours du château de Guédelon, en Puisaye (Bourgogne), attire 300 000 visiteurs chaque année. Il est soumis aux exigences d'archéologues professionnels qui reproduisent à l'identique les gestes des artisans médiévaux[3]. La restitution, souvent fidèle, de la vie médiévale intervient également dans des fêtes, tournois, spectacles de fauconnerie et tant d'autres manifestations collectives à thématique historique.

Nos contemporains raffolent des reconstitutions. Dans une ambiance festive, ils assimilent le Moyen Âge à une période joyeuse, libre et détendue tandis qu'ils se déguisent en gentes dames et preux chevaliers, mangent avec les doigts, marchent dans la boue ou s'assènent des coups d'épée. Depuis les premières mises en scène dans l'Angleterre des années 1960, le nombre de ces reconstitutions a connu une croissance presque exponentielle. En France, elles étaient 408 en 2003 et 772 en 2016[4]. La vitalité de toutes ces manifestations est telle qu'une nouvelle science, à cheval entre l'historiographie et la sociologie, est née pour les étudier : le « médiévalisme[5] ».

En parallèle de l'appropriation du Moyen Âge en dehors de la recherche universitaire, le médiéviste de métier a recours aux colonnes des journaux, à la bande dessinée, aux plateaux de télévision ou aux documentaires cinématographiques pour diffuser ses recherches les plus pointues.

Plus récemment encore, les progrès de la robotique, de l'informatique et de la télématique mettent à sa portée de nouveaux médias. *Tweet*, *podcast* et jeu vidéo lui permettent de toucher un public plus vaste. Ces formes ludiques de communication véhiculent de l'érudition, certes adaptée à sa réception par le non-spécialiste. Elles mettent à la disposition du grand public un Moyen Âge fondé sur des recherches rigoureuses et plus proche sans doute de la réalité historique.

Le Moyen Âge n'est pas une parenthèse médiocre entre deux périodes de paix et de progrès. Il n'est pas, non plus, un temps exclusivement joyeux de fête incessante, de guerre héroïque et d'architecture novatrice. Comme n'importe quelle période de l'histoire humaine, il n'est ni noir ni rose, mais tout en nuances chromatiques. Pourtant, il subit de trop injustes accusations.

Qu'il en soit à jamais acquitté !

Notes

Introduction

1. *De perfectione evangelica,* Quarracchi, 1891, t. 5, p. 147, II/II, 20. Voir J.-D. Morerod, « La base textuelle d'un mythe historiographique : le Moyen Âge des humanistes italiens », *Retour aux sources : textes, études et documents d'histoire médiévale offerts à Michel Parisse*, Paris, 2004, p. 949-950.

2. Epistulæ metricæ : *Briefe in Versen,* éd. et trad. O. et E. Schönberger, Würzburg, 2004, p. 322, III, 33. Voir J. Chomarat, *Mots et croyances : présences du latin, II,* Genève, 1995, p. 31-38.

3. Z. Hámori Nagy, « Le temps des ténèbres : la naissance de l'image négative du Moyen Âge », *Verbum : analecta neolatina,* 12, 2010, p. 167-183.

4. V. Giacomotto-Charra, S. Nony, *La Terre plate : généalogie d'une idée fausse*, Paris, 2021.

5. E. Gibbon, *The Decline and Fall of the Roman Empire*, Londres, 1872 [1776], t. 1, p. 59.

6. J. Michelet, *Œuvres complètes : 1851-1854*, Paris, 1980, p. 632 ; *L'Agonie du Moyen Âge*, Bruxelles, 1990, p. 31. Voir

J. Le Goff, « Le Moyen Âge de Michelet » [1974], *Un Autre Moyen Âge*, Paris, 1999, p. 35-36.

7. A. Minc, *Le Nouveau Moyen Âge*, Paris, 1993. Voir L. Broche, « Historiens d'aujourd'hui et d'hier et "nouveau Moyen Âge" », *Perspectives médiévales*, 40, 2019, http://journals.openedition.org/peme/15366, consulté le 24 février 2022.

8. Une telle relecture du Moyen Âge musulman fait fi de la désacralisation ultérieure de la figure du calife dans l'Empire ottoman ou de la naissance de l'État-Nation de type européen dans le Proche-Orient depuis les années 1950, M. Guidère, *Le Retour du Califat*, Paris, 2016.

1.
Le Moyen Âge rabaisse les femmes

1. *La Légende des siècles*, Paris, 1879 [1877], t. 4, p. 80, XXI, X, v. 288.

2. *Ainsi soit-elle*, Paris, 2000 [1975], p. 65.

3. M. Onfray, *Traité d'athéologie*, Paris, 2006 [2005], p. 145.

4. Grégoire de Tours, *Historiarum libri X*, éd. B. Krusch, W. Levison *(Monumenta Germaniae Historica : Scriptores rerum merovingicarum,* I, 1), Hanovre, 1937-1951, p. 386-387, VIII, 20.

5. M. Aurell, « La détérioration du statut de la femme aristocratique en Provence (xᵉ- xɪɪɪᵉ siècles) », *Le Moyen Âge*, 91, 1985, p. 5-32.

6. Paris, 1669, p. 27-31.

7. M. M. Sheehan, « Choice of Marriage Partner in the Middle Ages : Development and Mode of Application of a

Theory of Marriage », *Studies in Medieval and Renaissance History*, 1, 1978, p. 1-33.

8. *Decretum magistri Gratiani*, éd. A. L. Richter, A. Friedberg, Leipzig, 1879, t. 1, col. 1113, C. 31, q. 2, c. 3. Voir récemment sur la conjugalité E. Santinelli-Foltz, *Couples et conjugalité au haut Moyen Âge (VIe-XIIe siècles)*, Turnhout, 2022.

9. B. F. Reilly, *The Kingdom of León-Castilla Under Queen Urraca, 1109-1126*, Princeton, 1982.

10. F. L. Cheyette, *Ermengarde de Narbonne et le monde des troubadours*, Paris, 2006 [2001].

11. M. Chibnall, *The Empress Matilda : Queen Consort, Queen Mother and Lady of the English*, Oxford, 1991.

12. É. Viennot, *La France, les femmes et le pouvoir, t. 1, L'invention de la loi salique (V^{e}-XVIe siècle)*, Paris, 2006.

13. J. Dalarun, *Les Deux Vies de Robert d'Arbrissel, fondateur de Fontevraud : légendes, écrits et témoignages*, Turnhout, 2007 ; M. Melot, *Histoire de l'abbaye de Fontevraud : Notre-Dame-des-Pleurs (1101-1793)*, Paris, 2022.

14. M. Aurell, *Aliénor d'Aquitaine*, Paris, 2020.

15. Ch. Hedenstierna-Jonson *et alii*, « A Female Viking Warrior Confirmed by Genomics », *American Journal of Physical Anthropology*, 164, 2017, p. 853-860 ; N. Price *et alii*, « Viking warrior women ? Reassessing Birka chamber grave Bj.581 », *Antiquity*, 93, 2019, p. 181-198. Références indiquées par A. Noterman.

16. B. Effros, « Grave Goods and the Ritual Expression of Identity », *From Roman Provinces to Medieval Kingdoms*, dir. Th. Nobles, F. X. Thomas, New York, 2006, p. 195.

17. M. Aurell, « Les femmes guerrières (XIe et XIIe siècles) », *Famille, violence et christianisation au Moyen Âge : mélanges offerts à Michel Rouche*, Paris, 2005, p. 319-330.

18. « *Peregrinatio periculosa* : Thomas von Froidmont über die Jerusalem-Fahrten seiner Schwester Margareta », éd. P. G. Schmidt, *Kontinuität und Wandel : Lateinische Poesie von Naevius bis Baudelaire, Franco Munaro zum 65. Geburtstag*, Hildesheim, 1986, p. 478-479, v. 40-60.

19. *Chanson de la croisade albigeoise*, éd. et trad. E. Martin-Chabot, Paris, 1957, t. 3, p. 206, § 205, v. 124.

20. M. McLaughlin, « The Woman Warrior: Gender, Warfare and Society in Medieval Europe », *Women's Studies*, 17, 1990, p. 193-209 ; S. Cassagnes-Brouquet, *Chevaleresses : une chevalerie au féminin*, Paris, 2013.

21. C. W. Bynum, *Holy Feast and Holy Fast : The Religious Significance of Food to Medieval Women*, Berkeley-Los Angeles, 1987.

22. L. Moulinier, *Le Manuscrit perdu à Strasbourg : enquête sur l'œuvre scientifique de Hildegarde*, Paris, 1995 ; S. Gouguenheim, *La Sibylle du Rhin : Hildegarde de Bingen, abbesse et prophétesse rhénane*, Paris, 1996.

23. M. Aurell, *Le Chevalier lettré : savoir et culture de l'aristocratie aux* XII*e et* XIII*e siècles*, Paris, 2006, p. 54-61, 208-262.

24. Denis Piramus, Vie de seint Edmund le rei : *poème anglo-normand du* XII*e siècle*, éd. K.H. Kjellman, Göteborg, 1935, p. 4-5, v. 46-47.

25. *Les Lais de Marie de France*, éd. K. Warnke, trad. L. Harf-Lancner, Paris, 1990, p. 224, IX, v. 111-112 et p. 182, VII, v. 28.

26. R. Schnell, « L'amour courtois en tant que discours courtois sur l'amour », *Romania*, 110, 1989, p. 72-126 et 331-363

27. *Perceforest*, éd. G. Roussineau, Genève, 1987-2007, t. 2, p. 255-256, II, § 486-489.

2.
Le Moyen Âge rejette l'autre

1. P. Riché, D. Alexandre-Bidon, *L'Enfance au Moyen Âge*, Paris, 1994, p. 13.

2. *Merlin, roman du XIIIe siècle*, éd. A. Micha, Paris-Genève, 2000 [1979], p. 278, § 87.

3. *The Didot-Perceval, according to the Manuscripts of Modena and Paris*, éd. W. Roach, Philadelphie (Pen.), 1941, p. 194, E l. 959-960. Voir M. Aurell, *La Légende du roi Arthur (550-1250)*, Paris, 2018 [2007], p. 626-627.

4. D. Alexandre-Bidon, D. Lett, *Les Enfants au Moyen Âge (V^e^-XVe siècles)*, Paris, 1997, p. 30.

5. « Nominale sive Verbale », éd. W. W. Skeat, *Transactions of the Philological Society*, 1903-1906, p. 7*, v. 145-146.

6. « De sancto Bernardo, Menthonensi sive Montis-Iovis dicto » (BHL 1242), *Acta Sanctorum Iunii*, Anvers, 1698, t. 2, p. 1074E, I, 2.

7. A. de Salas, « L'iconographie de sainte Anne en France à la fin du Moyen Âge », thèse inédite de l'Université de Lille III, 2010.

8. S. Melchior-Bonnet, « De Gerson à Montaigne : le pouvoir de l'amour », *Histoire des pères et de la paternité*, dir. J. Delumeau, D. Roche, Paris, 1990, p. 56.

9. Notamment par D. Lett, « Les pères et la paternité au Moyen Âge », paru dans la réédition de l'ouvrage, ci-dessus, *Histoire des pères et de la paternité*, Paris, 2000, p. 17-42. Voir également, du même auteur, « Les relations entre les enfants et les adultes au sein des familles médiévales », *Le Télémaque*, 2014, 46, p. 87-101.

10. *Id.*, *L'Enfant des miracles : enfance et société au Moyen Âge (XIIe- XIIIe siècles)*, Paris, 1997.

11. « Super Primam Epistolam ad Corinthios », *Super Epistolas S. Pauli Lectura*, éd. R. Cai, Turin-Rome, 1953, VII, 1.

12. Sulpice Sévère, *Vie de Saint Martin*, éd. J. Fontaine, Paris, 1967, p. 292-293, XVIII, 3.

13. F.-O. Touati, *Maladie et société au Moyen Âge : la lèpre, les lépreux et les léproseries dans la province ecclésiastique de Sens jusqu'au milieu du XIVe siècle*, Louvain, 1998 ; N. Bériou, F.-O. Touati, Voluntate Dei leprosus : *les lépreux entre conversion et exclusion aux XIIe et XIIIe siècles*, Spolète, 1991.

14. *Écrits*, éd. et trad. T. Desbonnets, T. Matura, J.-F. Godet, D. Vorreux, Paris, 1981, p. 204-205, 1-3. Voir A. Vauchez, *François d'Assise : entre histoire et mémoire*, Paris, 2009, p. 53.

15. F. Bériac, *Histoire des lépreux au Moyen-Âge : une société d'exclus*, Paris, 1988.

16. Béroul, « Le Roman de Tristan », éd. et trad. Ph. Walter, *Tristan et Iseut : les poèmes français et la saga norroise*, Paris, 1989, p. 78, v. 1192-1212.

17. *Jaufré : roman arthurien du XIIIe siècle en vers provençaux*, éd. C. Brunel, Paris, 1943, p. 78-106, v. 2181-3016.

18. F. Bériac, « La persécution des lépreux dans la France méridionale en 1321 », *Le Moyen Âge*, 93, 1987, p. 203-221.

19. D. Le Blevec, *La Part du pauvre : l'assistance dans les pays du Bas-Rhône du XIIe siècle au milieu du XVe siècle*, Rome, 2000 ; *Assistance et charité* (*Cahiers de Fanjeaux*, 13), Toulouse, 1978.

20. C. Vincent, *Les Confréries au Moyen Âge dans le royaume de France (XIIIe-XVe siècles)*, Paris, 1994.

21. M. Foucault, *Histoire de la folie à l'âge classique*, Paris, 1976 [1972].

22. *Histoire des Juifs en France*, dir. B. Blumenkranz, Toulouse, 1972.

23. G. Dahan, *Les Intellectuels chrétiens et les juifs au Moyen Âge*, Paris, 1990.

24. A. S. Abulafia, *Christian-Jewish Relations, 1000-1300 : Jews in the Service of Medieval Christendom*, Harlow, 2010.

25. Trad. anglaise du *Livre du souvenir* dans R. Chazan, *European Jewry and the First Crusade*, Berkeley, 1996, p. 178.

26. J.-Ph. Genet, « La genèse de l'État moderne : les enjeux d'un programme de recherche », *Actes de la Recherche en Sciences Sociales*, 118, 1997, p. 3-18.

27. « Contra Sectam sarracenorum », *Petrus Venerabilis Schriften zum Islam*, éd. R. Glei, Altenberge, 1985, p. 30-225, I, 24. Voir J. Tolan, *Les Sarrasins : l'islam dans l'imagination européenne au Moyen Âge*, Paris, 2003, p. 217-229.

28. *The* Opus Majus *of Roger Bacon*, éd. J.H. Bridges, Francfort, 1964 [1897-1900], t. 2, p. 392, t. 3, p. 121. Voir M. Aurell, *Des chrétiens contre les croisades (XIIe-XIIIe siècle)*, Paris, 2013, p. 318-322.

29. Éd. W. Schröder, trad. D. Kartschoke, Berlin, 1989, § 306, v. 28-29, § 450, v. 15-20.

3.
Le Moyen Âge est inculte

1. A. Besson, *La Fantasy*, Paris, 2007 ; J. Breton, *Le Roi qui fut et qui sera : représentations du pouvoir arthurien sur petit et grand écrans*, Paris, 2019.

2. *Don Quijote de la Mancha*, éd. M. de Riquer, Barcelone, 1971, t. 1, p. 66-75, I, 4.

3. Éd. et trad. M. Zink, G. Le Vot, *Belle : essai sur les chansons de toile*, Paris, 1978, p. 89-92, v. 2-4.

4. P. Zumthor, *La Lettre et la voix : de la « littérature » médiévale*, Paris, 1987.

5. « Yvain ou le chevalier au lion », éd. K. Uitti, *Œuvres complètes*, dir. D. Poiron, Paris, 1994, p. 468-469, v. 5364-5382.

6. *Erec*, éd. A. Leitzmann, L. Wolff, Tübingen, 1957, p. 195, v. 7501-7515.

7. P. Nykrog, *Chrétien de Troyes : romancier discutable*, Genève, 1996.

8. *Flamenca*, éd. et trad. italienne M. Mancini, Rome, 2006, p. 65-68, v. 599-707.

9. Jehan Bodel, *Chanson des Saisnes*, éd. A. Brasseur, Genève, 1989, t. 1, p. 2-3, v. 6-7.

10. M. Aurell, *La Légende du roi Arthur…*, *op. cit.* ; *Les Chevaliers de la Table ronde : romans arthuriens*, éd. M. Aurell, M. Pastoureau, Paris, 2022.

11. M. Zink, *Poésie et conversion au Moyen Âge*, Paris, 2003 ; C. Girbea, *Communiquer pour convertir dans les romans du Graal (XIIe- XIIIe siècles)*, Paris, 2010.

12. Éd. G. Demerson, M. Renaud, Paris, 1995 [1973], p. 311, II, 30.

13. Éd. F. Joukovsky, Paris, 1995, p. 182-186, V, 44.

14. *Les Essais*, éd. P. Villey, Paris, 1999 [1965], t. 1, p. 175, I, 26.

4.
Le Moyen Âge aime la violence et le sang

1. *The Ecclesiastical History of Orderic Vitalis*, éd. et trad. M. Chibnall, Oxford, 1978, t. 6, p. 240, XII, 18. Voir X. Storelli, « La violence des chevaliers au regard des chroniqueurs ecclésiastiques (XIe siècle-début XIIIe siècle) », *Les Chrétiens, la guerre et la paix : de la paix de Dieu à l'esprit d'Assise*, dir. B. Béthouart, X. Boniface, Rennes, 2012, p. 273-289.

2. *De Multro, traditione, et occisione gloriosi Karoli comitis Flandriarum*, éd. J. Rider, Turnhout, 1994.

3. E. Bozóky, *Attila et les Huns : vérités et légendes*, Paris, 2012, p. 48-53.

4. *Histoire des fils de Louis le Pieux*, éd. et trad. Ph. Lauer, S. Glansdorff, Paris, 2012, p. 90-92, III, 1. Voir Ph. Contamine, *La Guerre au Moyen Âge*, Paris, 2003 [1980], p. 426-427 : « Il semble qu'avec les Carolingiens, la guerre entre chrétiens ait perdu un peu de l'âpreté, de la sauvagerie bestiale, qu'elle possédait à l'époque mérovingienne » ; « Cet événement [la bataille de Fontenoy] révèle, en fonction des exigences de la morale chrétienne, une volonté de restreindre les horreurs de la guerre. »

5. M. Keen, *Chivalry*, New Haven-Londres, 1984 ; D. Barthélemy, *La Chevalerie de la Germanie antique à la France du XIIe siècle*, Paris, 2007.

6. D. Crouch, *The Birth of Nobility : Constructing Aristocracy in England and France, 900-1300*, Londres, 2005, p. 29-95.

7. B. Bove, *Le Temps de la Guerre de Cent Ans (1328-1453)*, Paris, 2009, p. 51-122, 235-276 ; B. Schnerb, *Les Armagnacs et les Bourguignons : la maudite guerre*, Paris, 1988.

8. V. Serdon, *Armes du diable : arcs et arbalètes au Moyen Âge*, Rennes, 2005.

9. Tous les deables d'enfer : *relations du siège de Rhodes par les Ottomans en 1480*, éd. J.-B. de Vaivre, L. Vissière, Genève, 2014.

10. *Artillerie et fortification (1200-1600)*, dir. N. Prouteau *et alii*, Rennes, 2011.

11. Ramon Llull, « Libre de contemplació en Déu », *Obres Essencials*, éd. J. Rubió *et alii*, Barcelone, 1960, t. 2, CXII, pp. 15-18.

12. *Éloge de la nouvelle chevalerie*, éd. et trad. J. Leclercq, P.-Y. Emery, 1990, p. 56, II, 3.

13. *La Chaire française au Moyen Âge, spécialement au XIIIe siècle*, éd. A. Lecoy de La Marche, Paris, 1868, p. 358. Voir M. Aurell, *Le Chevalier lettré : savoir et conduite de l'aristocratie aux XIIe et XIIIe siècles*, Paris, 2011, p. 275-286.

14. C. Gauvard, « De grace especial » : *crime, État et société en France à la fin du Moyen Âge*, Paris, 1991.

15. Ch. Pichot, « *Forfaicte de son corps :* le corps féminin et le crime à la fin du Moyen Âge », thèse inédite de l'Université de Poitiers, 2020.

16. V. Toureille, *Crime et châtiment au Moyen Âge*, Paris, 2013.

17. C. Gauvard, *Condamner à mort au Moyen Âge : pratiques de la peine capitale en France (XIIIe- XVe siècle)*, Paris, 2018.

18. *Le Savant et le politique*, Paris, 2003 [1919], p. 118.

5.
Le Moyen Âge n'a rien inventé

1. G. Duby, *L'Économie rurale et la vie des campagnes dans l'Occident médiéval*, Paris, 1962, t. 1, p. 139-169.

2. A. Verhulst, *Histoire du paysage rural en Flandre de l'époque romaine au XVIII*[e] *siècle*, Bruxelles, 1966, p. 25-73 ; J.-L. Abbé, *À la conquête des étangs : l'aménagement de l'espace en Languedoc méditerranéen (XII*[e]*-XV*[e] *siècle)*, Toulouse, 2000.

3. M. Bourin-Derruau, *Temps d'équilibres, temps de ruptures (XIII*[e] *siècle)*, Paris, 1990, p. 95.

4. M. Colardelle *et alii*, « La métallurgie dans l'habitat fortifié de Colletière à Charavines (XIe siècle) », *Le Monde alpin et rhodanien : revue régionale d'ethnologie*, 1996 (2-4), p. 135-147.

5. J. Chapelot, R. Fossier, *Le Village et la maison au Moyen Âge*, Paris, 1980, p. 229-251.

6. *Didascalicon de studio legendi* : A Critical Text, éd. Ch. H. Buttimer, Washington, 1939.

7. J.-P. Torrell, *Initiation à saint Thomas d'Aquin*, Paris, 2003.

8. V. Ilardi, *Renaissance Vision from Spectacles to Telescopes*, Philadelphie, 2007, p. 3-95.

9. M. Arnoux, *Le Temps des laboureurs : travail, ordre social et croissance en Europe (XI*[e] *au XIV*[e] *siècle)*, Paris, 2012, p. 291-336.

10. S. Caucanas, *Moulins et irrigation en Roussillon au Moyen Âge, IX*[e] *au XV*[e] *siècle*, Paris, 1995.

11. A. Gillard, *L'Industrie du fer dans les localités du comté de Namur et de l'Entre-Sambre-et-Meuse de 1345 à 1600*, Bruxelles, 1971 ; J.-F. Belhoste *et alii*, *La Métallurgie*

comtoise XV*e*-XIX*e* *siècle : étude du Val de Saône*, Besançon, 1994 ; C. Verna, *L'Industrie au village : essai de microhistoire (Arles-sur-Tech,* XIV*e et* XV*e siècles)*, Paris, 2017.

12. *Beate Hildegardis Cause et cure*, éd. R. Berndt, L. Moulinier, Münster, 2003 ; *Physica : Liber subtilitatum diversarum naturarum creaturarum*, éd. R. Hildebrandt, Th. Gloning, Berlin, 2010.

13. C. Lamour, « *The Surgery* de Henri de Mondeville : étude et édition critique d'après le manuscrit Peterhouse 118 de Cambridge », thèse de doctorat en cours à l'Université de Poitiers.

14. Éd. G. Wolf-Heidegger, A. M. Cetto, *Die anatomische Sektion in bildlicher Darstellung*, Bâle-New York, 1967, p. 37-38. Voir R. Mandressi, *Le Regard de l'anatomiste : dissection et invention du corps en Occident*, Paris, 2003, p. 20.

15. M. Viladrich, « La transmission des idées scientifiques et astrologiques d'origine arabe dans la *Marca Hispanica* au temps de l'abbé Oliba », *Cahiers de Saint-Michel de Cuxa*, 40, 2009, p. 101-111.

16. *De Naturis rerum libri duo*, éd. Th. Wright, Londres, 1863, p. XXXVIII et 183. Voir B. M. Kreutz, « Mediterranean Contributions to the Medieval Mariner's Compass », *Technology and Culture*, 14, 1973, p. 367-383.

17. M. de La Roncière, M. Mollat du Jourdin, *Les Portulans : cartes marines du* XIII*e au* XVII*e siècle*, Paris, 1984.

18. H. Busson, « Rabelæsiana : "Science sans conscience" (Pantagruel, VIII) », *Humanisme et Renaissance*, 7, 1940, p. 238-240.

6.
Le Moyen Âge opprime et asservit

1. L. Dumont, Homo hierarchicus *: essai sur le système des castes*, Paris, 1966, *Homo æqualis*, Paris, 1978 et 1991 ; M. Aurell, *La Noblesse en Occident (V^e-XVe siècle)*, Paris, 1996, p. 7-8 ; *L'Individu au Moyen Âge : individuation et individualisation avant la modernité*, dir. B.-M. Bedos-Rezak, D. Iogna-Prat, Paris, 2005.

2. G. Duby, *Les Trois Ordres ou l'imaginaire du féodalisme*, Paris, 1978.

3. Les clercs séculiers dépendent de leur évêque et ne sont pas religieux, soumis à une règle monastique, contrairement aux réguliers.

4. M. Aurell, « Complexité sociale et simplification rationnelle : dire le statut des personnes au Moyen Âge », *Cahiers de civilisation médiévale*, 48, 2005, p. 5-16.

5. « Comment et pourquoi finit l'esclavage antique », *Annales. Économies, Sociétés, Civilisations*, 2, 1947, p. 30. Voir aussi D. Bondue, *De* servus *à* sclavus *: la fin de l'esclavage antique (371-918)*, Paris, 2011.

6. A. Rio, *Slavery After Rome, 500-1100*, New York, 2017.

7. *Lettres à Lucilius*, éd. F. Préchac, trad. H. Noblot, Paris, 1947, t. 2, p. 16, 47, 1.

8. « Vita sancti Eligii episcopi Noviomagensis », éd. B. Krusch *(Monumenta Germaniae Historica : Scriptores rerum merovingicarum,* IV), Hanovre, 1902, p. 677, I, 10.

9. *Commentaire à Éphésiens 6, 9*, trad. P. Boucaud, « Tous libres devant Dieu : société carolingienne, Église et esclavage

d'après l'exégèse de Claude de Turin († ca. 827/828) », *Revue de l'histoire des religions*, 228, 2011, p. 349-387.

10. *La Cité de Dieu*, trad. L. Jerphagnon, Paris, 2000, t. 2, p. 873-874, XIX, 15. Voir F. Decret, « Augustin d'Hippone et l'esclavage », *Dialogues d'histoire ancienne*, 11, 1985. p. 674-685.

11. *Sententiæ*, éd. P. Cazier, Turnhout, 1998, p. 295, III, 47, 1.

12. Grégoire de Tours, *Historiarum libri X, op. cit.*, p. 108, III, 11. Voir P. Bonnassie, « Survie et extinction du régime esclavagiste dans l'Occident du haut Moyen Âge (IVe-XIe s.) », *Cahiers de civilisation médiévale*, 28, 1985, p. 327.

13. H. Pirenne, *Mahomet et Charlemagne*, Paris-Bruxelles, 1937. Pour les nuances qu'il faut apporter à cet ouvrage, voir B. Effros, « The Enduring Attraction of the Pirenne Thesis », *Speculum*, 92, 2017, p. 184-208.

14. N. Carrier, *Les Usages de la servitude : seigneurs et paysans dans le royaume de Bourgogne*, Paris, 2012.

15. Sur l'un des fantasmes, aussi inexacts que persistants, relatifs aux abus des seigneurs, voir A. Boureau, *Le Droit de cuissage : la fabrication d'un mythe (XIIIe-XXe siècle)*, Paris, 1995.

16. *Les Origines des libertés urbaines : XVIe congrès de la SHMESP*, Rouen, 1985 ; *Coutumes, franchises et libertés : actes des rencontres européennes médiévales de Lorris*, dir. É. Magnou-Nortier, Poitiers-Dijon, 2015.

17. R. S. Lopez, *The Commercial Revolution of the Middle Ages*, Princeton, 1971.

18. J. Aurell, A. Puigarnau, *La Cultura del mercader en la Barcelona del siglo XV*, Barcelone, 1998.

19. *El Mediterráneo medieval y renacentista, espacio de mercados y culturas*, dir. J. Aurell, Pampelune, 2002.

20. A. Vauchez, « *Homo mercator vix aut numquam potest Deo placere* : quelques réflexions sur l'attitude des milieux ecclésiastiques face aux nouvelles formes de l'activité économique au XIIe et au début du XIIIe siècle », *Le Marchand au Moyen Âge*, Nantes, 1992, p. 211-218.

7. Le Moyen Âge promeut les croisades xénophobes

1. Th. Deswarte, « Entre historiographie et histoire : aux origines de la guerre sainte en Occident », *Regards croisés sur la guerre sainte : guerre, idéologie et religion dans l'espace méditerranéen latin (XIe-XIIIe siècle)*, dir. D. Baloup, Ph. Josserand, Toulouse, 2006, p. 67-90.

2. M. Villey, *La Croisade : essai sur la formation d'une théorie juridique*, Paris, 1942, p. 90-106.

3. P. Alphandéry, A. Dupront, *La Chrétienté et l'idée de croisade (XIIe-XIIIe siècles)*, Paris, 1995 [1954-1959].

4. Lettre copiée dans le *Livre des deux jardins* d'Abū Shāma (1203-1267), trad. F. Gabrieli, V. Pâques, *Chroniques arabes des croisades,* Arles, 2001 [1963], p. 240-241, II, 148.

5. *Le Concile de Clermont de 1095 et l'appel à la croisade*, dir. A. Vauchez, Rome, 1997.

6. *Gesta Francorum et aliorum Hierosolimitanorum*, éd. et trad. R. Hill, Londres, 1962, p. 1-7, I, 1-4.

7. J. Flori, *La Guerre sainte : la formation de l'idée de croisade dans l'Occident chrétien*, Paris, 2001, p. 300-301.

8. S. Kangas, *Expiation by Violence : The Conception of War, Violence and the Enemy in the Western Sources for the Crusades, 1095-c. 1350*, Leyde, Brill (sous presse).

9. M. Aurell, *Des chrétiens contre les croisades, op. cit.*, p. 201-296.

10. S. Gouguenheim, *Les Chevaliers teutoniques*, Paris, 2007.

11. *Dei gesta per Francos*, éd. R. B. C. Huygens, Turnhout, 1996, p. 318, VII, 25.

12. A. Demurger, *Moines et guerriers : les ordres religieux-militaires au Moyen Âge*, Paris, 2014.

13. *La Fin de l'ordre du Temple*, dir. M.-A. Chevalier, Paris, 2012 ; A. Demurger, *Jacques de Molay : le crépuscule des Templiers*, Paris, 2007 ; Ph. Josserand, *Jacques de Molay : le dernier grand-maître des Templiers*, Paris, 2019.

14. *Des enseignements de la vie : souvenirs d'un gentilhomme syrien du temps des Croisades*, trad. A. Miquel, Paris, 1983, p. 297.

15. *Ibid.*, p. 303-305.

16. « Le Livre des deux jardins », éd. et trad. fr. Adrien Casimir Barbier de Meynard, *Recueil des historiens des croisades : historiens orientaux*, Paris, Klincksiek, 1898, t. 4, p. 396-397. Voir Carole Hillenbrand, *The Crusades : Islamic Perspectives*, New York, 2000, p. 343.

17. *Transferts culturels entre France et Orient latin (XIIe et XIIIe siècles)*, dir. M. Aurell, E. Ingrand-Varenne, M. Galvez, Paris, 2021.

18. Foucher de Chartres, *Historia Hierosolymitana (1095-1127)*, éd. Heinrich Hagenmeyer, Heidelberg, 1913, p. 748.

19. Marc Haber *et alii*, « A Transient Pulse of Genetic Admixture from the Crusaders in the Near East Identified from Ancient Genome Sequences », *The American Journal of Human Genetics* (2019), https://doi.org/10.1016/j.ajhg.2019.03.015, consulté le 18 avril 2019.

20. B. Z. Kedar, *Crusade and Mission : European Approaches toward the Muslims*, Princeton, 1988 [1984] ; J. Tolan, *Le Saint chez le sultan : la rencontre de François d'Assise et de l'islam : huit siècles d'interprétation*, Paris, 2007.

21. A. Vauchez, *François d'Assise : entre histoire et mémoire*, Paris, 2009, p. 153.

22. Adam de Perseigne, « Lettres d'Adam de Perseigne à ses correspondants du Maine (XIIe-XIIIe siècles) », éd. et trad. J. Bouvet, *La Province du Maine*, 2e serie, 32, 1952, p. 1-20, ep. 6.

8.
Le Moyen Âge est sombre et austère

1. https ://www.cnrtl.fr/definition/obscurantisme, consulté le 11 mars 2022.

2. *Annales ecclesiastici*, Anvers, 1603, t. 10, p. 647. Voir B. Munk Olsen, *La Réception de la littérature classique au Moyen Âge (IXe-XIIe siècle)*, Copenhague, 1995, p. 47.

3. H. Belloc, *A History of England : 1, Pagan England. Catholic England : The Dark Ages B.C. 55 to A.D. 1066*, Londres, 1925.

4. J. Verdon, *La Nuit au Moyen Âge*, Paris, 2009 [1994], p. 108-114.

5. *La République*, éd. É. Chambry, Paris, 1932, VII, 514a – 519e.

6. *Les Vies des meilleurs peintres, sculpteurs et architectes*, éd. et trad. A. Chastel, Paris, 1981, t. 1, p. 101, § 3.

7. Dionysiaca : *Recueil donnant l'ensemble des traditions latines des ouvrages attribués au Denys de l'Aréopagite*, éd. Ph. Chevalier, Paris, 1937-1950.

8. Y. de Andia, Henôsis *: l'Union à Dieu chez Denys l'Aréopagite*, Leyde, 1996.

9. « Le *De Luce* de Robert Grosseteste : présentation et traduction », trad. G. Jorland, *Revue de métaphysique et de morale*, 89, 2016, p. 119-130.

10. « Écrit sur la consécration de Saint-Denis », *Œuvres*, éd. et trad. F. Gasparri, Paris, 1996, t. 1, p. 26-27, « L'œuvre administrative », *Ibid.*, p. 120-121, 134-135. Voir E. Panofsky, *On the Abbey Church of St Denis and its Art Treasures*, Princeton, 1979 [1946].

11. « Le temps des cathédrales (980-1420) » [1976], *L'Art et la société : Moyen Âge-XX*e *siècle*, 1997, p. 665.

12. A. Erlande-Brandeburg, *L'Art gothique*, Paris, 1983.

13. E. Panofsky, *Architecture gothique et pensée scolastique*, Paris, 1967 [1951].

14. *Recueil de textes relatifs à l'histoire de l'architecture et à la condition des architectes en France au Moyen Âge (XI*e*-XIII*e *siècle)*, éd. V. Mortet et P. Deschamps, Paris, 1995 [1911] ; J. Gimpel, *Les Bâtisseurs de cathédrales*, Paris, 1986 [1958].

15. A. Granboulan, « Le vitrail au XIIIe siècle : une paroi translucide », *Moyen Âge : Chrétienté et Islam*, dir. Ch. Heck, Paris, 1996, p. 338-343.

16. C. et J.-P. Deremble, *Vitraux de Chartres*, Paris, 2003 ; V. Toureille, *Chartres : la cathédrale, son histoire*, Bezons, 2020.

17. M. Pastoureau, *Bleu : histoire d'une couleur*, Paris, 2000, p. 27-100, *Noir : histoire d'une couleur*, Paris, 2008.

18. B. Laurioux, *Manger au Moyen Âge*, Paris, 2002 ; Ch. Viaut, « À la table des princes… et des autres. Consommation et pratiques alimentaires sur les sites castraux et élitaires du nord de l'Aquitaine et du centre-ouest de la France (x^e^-xve siècle) », thèse inédite de l'Université de Poitiers, 2021.

19. J. Frappier, « Le thème de la lumière, de *La Chanson de Roland* au *Roman de la Rose* », *Cahiers de l'Association internationale des études françaises*, 20, 1968, p. 107.

20. Trad. I. Short, *La Chanson de Roland*, Paris, 2006 [1990], p. 136, § 137, v. 1807-1811, cité par J. Verdon, *La Nuit…*, *op. cit.*, p. 102.

21. M. Aurell, *Excalibur, Durendal, Joyeuse : la force de l'épée*, Paris, 2021, p. 61-65.

22. « Perceval ou le conte du Graal », éd. D. Poiron, *Œuvres complètes*, Paris, 1994, p. 765, v. 3226-3229. Voir J. Frappier, « Le thème de la lumière… », *art. cit.*, p. 106-107.

23. M. Aurell, *La Légende du roi Arthur…*, *op. cit.*, p. 504, 538, 583, 599-618.

24. *La Quête du Saint-Graal, roman en prose du XIIIe siècle*, éd. F. Bogdanow, trad. A. Berrie, Paris, 2006, p. 406, § 193. Voir E. Gilson, « La mystique de la grâce dans la *Queste del saint Graal* », *Les Idées et les lettres*, Paris, 1955 [1932], p. 59-91.

9.
Le Moyen Âge est ignorant

1. V. W. Goetz, *Translatio Imperii*, Tübingen, 1958.

2. *La Doctrine chrétienne*, éd. J. Martin, trad. M. Moreau, Paris, 1997, p. 226-227, 2, 40, 60.

3. « Deux rédactions des *Gloses* de Guillaume de Conches sur Priscien », éd. É. Jeauneau, *Recherches de théologie ancienne et médiévale*, 27, 1960, p. 235 ; Jean de Salisbury, *Metalogicon*, éd. J. B. Hall, K. S. B. Keats-Rohan, Turnhout, 1991, p. 116, III, 4.

4. *Entheticus Maior and Minor*, éd. J. van Laarhoven, Leyde, 1987, t. 1, p. 185, v. 1215. Voir J.-Y. Tilliette, « Jean de Salisbury et Cicéron : réflexions sur l'*Entheticus maior*, vv. 1215-1246 », *Helmantica*, 50, 1999, p. 697-710.

5. *Fons philosophiæ*, éd. P. Michaud-Quantin, Namur, 1956, p. 49, v. 411-412.

6. Ovide, *Tristes*, éd. et trad. J. André, Paris, 1968, p. 44, II, 217.

7. *Les Noces de Philologie et de Mercure*, éd. et trad. J.-F. Chevalier *et alii*, Paris, 2003-2014.

8. *La Règle de saint Benoît*, éd. J. Neufville, trad. A. de Vogüé, Paris, 1972, p. 422, l. 45.

9. J. Leclercq, *L'Amour des lettres et le désir de Dieu : initiation aux auteurs monastiques du Moyen Âge*, Paris, 2008 [1957].

10. P. Riché, *Éducation et culture dans l'Occident barbare : VIe et VIIIe siècles*, Paris, 1995 [1962].

11. *Adversus Judeorum inveteratam duritiem*, éd. Y. Friedman, Turnhout, 1985, p. 130, V, 194-195.

12. *Geografía de España*, éd. R. Dozy, M.J. Goeje, trad. E. Saavedra, A. Blázquez, Valence, 1974, p. 182.

13. « Abælardi ad amicum suum consolatoria », *Lettres d'Abélard à Héloïse,* éd. et trad. E. Hicks, Th. Moreau, J.-Y. Tilliette, Paris, 2007, p. 43-136. Voir G. Lobrichon, *Héloïse : l'amour et le savoir*, Paris, 2005, p. 328-331.

14. *Peter Abelard's Ethics*, éd. et trad. P. Luscombe, Oxford, 1971, p. 66, l. 30-34 ; « Capitula hæresum Petri Abelardi », *Patrologia latina*, éd. J.-P. Migne, Paris, 1859, col. 1053B, XI. Voir J. Marenbon, *The Philosophy of Peter Abelard*, Cambridge, 1997, p. 58-59, 269, 279, 328-330 ; M. Clanchy, *Abélard*, Paris, 2000 [1997], p. 266.

15. D. Gabriel, *La « Maison des pauvres maîtres » de Robert de Sorbon : les débuts de la Sorbonne (1254-1274)*, Paris, 2014.

16. J. Verger, *L'Essor des universités au XIII*[e] *siècle,* Paris, 1997.

17. M. Aurell, *Le Chevalier lettré…*, *op. cit.*

10.
Le Moyen Âge encourage le fanatisme

1. A. Gautier, « Représenter le fait religieux dans les séries *Vikings* et *The Last Kingdom* », *Le Temps des médias : revue d'histoire*, 37, 2021, p. 71-89.

2. Sur ce point, le droit canonique médiéval reprend une doctrine défendue par les Pères de l'Église : « Il est contraire à la religion de l'imposer, car elle doit être reçue de façon spontanée et nullement forcée, puisque seul un esprit libre

peut réclamer des sacrifices », *Tertulliani ad Scapulam*, éd. A. Quacquarelli, Rome-Paris-Tournai, 1957, 2 ; « Qu'on ne contraigne pas à la foi par la force, mais par des arguments et par l'exemple, car il est impossible d'y persévérer si elle a été imposée violemment », *Isidorus Hispalensis Sententiæ*, éd. P. Cazier, Turnhout, 1998, II, 2.

3. *Le Désenchantement du monde : une histoire politique de la religion*, Paris, 1985.

4. B. Dumézil, *Les Racines chrétiennes de l'Europe : conversion et liberté dans les royaumes barbares (Ve-VIIIe siècles)*, Paris, 2005.

5. J.-M. Salamito, « Saint Augustin et la définition du peuple : aux antipodes de l'"augustinisme politique" », *Études philosophiques*, 137, 2021, p. 27-52.

6. G. Woimbée, *L'Église et l'Inquisition*, Paris, 2009.

7. Raoul Glaber, *Histoires*, éd. G. Cavallo, G. Orlandi, trad. M. Arnoux, Turnhout, 1996, p. 188, III, VIII, 26. Voir H. Taviani-Carozzi, « Une histoire "édifiante" : l'hérésie à Orléans en 1022 », *Faire l'événement au Moyen Âge*, Aix-en-Provence, 2007, p. 275-298.

8. J.-L. Biget, *Hérésie et Inquisition dans le midi de la France*, Paris, Picard, 2007 ; A. Brenon, *Les Archipels cathares : dissidence chrétienne dans l'Europe médiévale*, Cahors, 1997. Ces deux médiévistes ont longtemps animé les périodiques *Cahiers de Fanjeaux* et *Heresis*, indispensables sur le sujet.

9. *Alexandri III romani pontificis epistolæ et privilegia*, *Patrologia latina*, éd. J.-P. Migne, Paris, 1855, t. 200, col. 187C-D, ep. 98. Voir J. Guiraud, *Histoire de l'Inquisition au Moyen Âge*, Paris, 1935, t. 1, p. 73.

10. « La répression violente et systématique de l'hérésie apparut surtout lorsque l'Inquisition fut prise en main par les pouvoirs publics », A. Vauchez, « Hérétiques, cathares,

Inquisition : la légende noire », *Le Vrai Visage du Moyen Âge : au-delà des idées reçues*, dir. N. Weill-Parot, V. Sales, Paris, 2017, p. 186.

11. *Epistolæ Romanorum Pontificum genuinæ*, éd. A. Thiel, Braunsberg, 1867, p. 350-351, ep. 12. Voir B. Basdevant-Gaudemet, *Église et autorités : études d'histoire du droit canonique médiéval*, Limoges, 2006, p. 63-64.

12. *Les Mystères des messes*, éd. et trad. O. Hanne, Huningue, 2023, p. 590.

Conclusion

1. Th. Hobbes, *Leviathan, or The Matter, Forme, and Power of a Common-wealth Ecclesiasticall and Civil*, Londres, 1614.

2. A. Corbellari, *Le Moyen Âge à travers les âges*, Neuchâtel, 2019.

3. E. Gleyze, *L'Aventure Guédelon : l'édification d'un château médiéval au* XXI*e siècle*, Montpellier, 2019.

4. M. Bostal, « L'Histoire face à l'histoire vivante : expérimentation, médiation et représentation à travers la pratique de la reconstitution historique du Moyen Âge », thèse inédite de l'Université de Caen, 2020, t. 1, p. 155-156.

5. *Les Médiévistes face aux médiévalismes*, dir. M. Aurell, L. Malbos, J. Breton, F. Besson, Rennes, 2023.

Remerciements

Par son amicale suggestion, Clara Dupont-Monod, directrice éditoriale aux éditions Lattès, est à l'origine du présent ouvrage. Passionnée du Moyen Âge, qu'elle ressuscite dans de superbes romans, elle regrette autant que l'auteur la façon dont ce millénaire fascinant est si souvent malmené. Sa finesse de lectrice, son exigence intellectuelle et ses encouragements chaleureux ont beaucoup amélioré le livre. Qu'elle en soit remerciée de tout cœur.

Table des matières

Cet ouvrage a été composé par Nord Compo

Imprimé en France par
CPI BRODARD & TAUPIN (72200 La Flèche)
en avril 2023

pour le compte des Éditions J.-C. LATTÈS
17, rue Jacob – 75006 Paris

PAPIER À BASE DE
FIBRES CERTIFIÉES

JC Lattès s'engage pour
l'environnement en réduisant
l'empreinte carbone de ses livres.
Celle de cet exemplaire est de :
350 g éq. CO_2
Rendez-vous sur
www.jclattes-durable.fr

N° d'édition : 01 – N° d'impression : 3052573
Dépôt légal : avril 2023
Imprimé en France